成长之路

——从大学生到企业家

邱晓星 著

中国商业出版社

图书在版编目（CIP）数据

成长之路：从大学生到企业家 / 邱晓星著 . -- 北京：中国商业出版社，2024.1
ISBN 978-7-5208-2816-1

Ⅰ. ①成… Ⅱ. ①邱… Ⅲ. ①企业家－企业精神－研究－中国 Ⅳ. ① F279.23

中国国家版本馆 CIP 数据核字（2023）第 246687 号

责任编辑：滕　耘

中国商业出版社出版发行
（www.zgsycb. com 100053　北京广安门内报国寺 1 号）
总编室：010-63180647　编辑室：010-83118925
发行部：010-83120835/8286
新华书店经销
旭辉印务（天津）有限公司印刷
*
710 毫米 × 1000 毫米　16 开　9 印张　115 千字
2024 年 1 月第 1 版　2024 年 1 月第 1 次印刷
定价：88.00 元
* * * * *
（如有印装质量问题可更换）

前 言

21 世纪，是富有企业家精神的全民创业时代，而其中的关键词为：企业家精神。现代管理学之父彼得·德鲁克（Peter F. Drucker）在 1985 年提出“创业型经济”这一概念，指出现代经济形态正逐渐从大型公司寡头管理向创业型经济转变。创业型经济是在企业家创新创业的基础上，通过建立创业公司并以其为通道进行商业活动的经济形态。从微观角度上来看，它能使企业家的个人价值得到实现；从宏观方面来看，则能促进国家经济的未来发展，而我国各类企业的未来发展也离不开创业型经济的影响。

民营经济本身就是我国市场经济的重要生产力和重要组成部分。企业家，特别是民营企业的企业家，他们作为一个企业的最终战略决策者，同时也是社会义务的履行者。企业家的行为和决策可能会决定其企业和员工的命运，而无数企业家的群体性行为又会影响一个产业和一个行业的命运，展示出企业家对于承担社会责任和履行社会义务的认同与深化。在我国当代市场经济社会的发展中，企业家占据着极其重要的地位。企业家的综合素质直接决定了企业经济活动和运行的效率，而具备企业家精神的人是现代社会中最为稀缺的人才之一，是社会变革与进步的重要力量。因此，企业家精神教育是企业家人才培养的重要环节之一。

党的二十大报告指出，高质量发展是全面建设社会主义现代化国家的首要任务。实现高质量发展，要毫不动摇地巩固和发展公有制经济，还要毫不动摇地鼓励、支持、引导非公有制经济发展，充分发挥民营企业家队伍的作用。

在高等院校各级领导以及各界人士对于大学生的创新与创业实践活动组织管理工作的充分认同和高度重视下，近年来我国各个高等院校逐渐加强对大学生的创新与创业实践活动的组织管理工作，完善了有关大学生创新与创业的教学制度，搭建了服务大学生创新与创业的信息服务平台。由此，作者整理总结了在相关专业教学方面的多年知识理论及多年组织指导大学生专业报名、组织参加本单位各专业的相关学科技能比赛的实践经验，以进一步指导培养广大高校学生牢固把握树立青年企业家的创新精神，并以其作为新的教学建设主线，旨在培养广大高校学生的自主创新创业能力。同时，将其作为新的教学目标，提出新的教学思路、运用新的教学策略、利用新的教学模式，并与新经济时代的要求紧密结合，打造强有力的责任感培养模式，最终培养出敬业、诚信、愿与其他人真诚合作的富有企业家精神的新时代的中国大学生。

本书在撰写过程中借鉴并参考了大量国内外涉及创新创业、企业家精神、中西方管理文化以及管理学方面的文献资料和出版物，在此对各位学者表示由衷的感谢。由于作者水平有限，书中难免有错漏和不妥之处，敬请读者批评指正。

目录
CONTENTS

第1章
绪　论

1.1 推行企业家精神教育的背景及意义

早在 2006 年初，党和国家领导人就在全国科学技术大会上发表讲话，首次明确提出了“坚持走中国特色自主创新道路，为建设创新型国家而努力奋斗”的伟大战略号召。2007 年 10 月，党的十七大全国政府经济工作会议报告中，首次把“创业”作为工作方向，列为我国国计民生的重大社会发展战略方向和重大战略，标志着国家和党中央在大力推进党的国民经济发展的重大战略上，已经成功实现了一系列新的技术突破和大量理论上的创新。历史经验表明，人类历史上的每一次重大发展都离不开科技的助力。党的十八大报告中也提出要积极实施创新驱动发展战略，进一步提升国家自主创新能力，扩大科技开放合作，并优化创新环境。党的二十大报告指出:“必须坚持科技是第一生产力、人才是第一资源、创新是第一动力，深入实施科教兴国战略、人才强国战略、创新驱动发展战略，开辟发展新领域新赛道，不断塑造发展新动能新优势。”

党和国家一直重视创新和创业的未来发展，此二者也是未来我国提升市场生产力和综合国力的重要途径。现阶段的国内市场急需大量具有企业家精神的人才，而国家的未来发展和当代青年的创新创业能力及思想意识息息相关，大学生作为接受过高等教育和具备较大发展潜力的群体，正是创新型国家的重要组成部分，挖掘大学生的创新创业能力，培养大学生的企业家精神是国家教育培养的重点内容。

步入 21 世纪以来，我国在开展创业教育工作中做出了许多的尝试，无论是创业教育课程结构体系的总体规划，教学手段和方法的创新与改革，还是成功建立创业孵化项目基地并配套相应的资金扶持等政策，其最终目的都是为广大学生提供一个良好的创业实践平台。但是从目前的情况来看，创业教育的改革仍然未能取得实质性的进展，传统教育理念和教学模式仍旧严重制约着创业教育的健康发展，对于企业家精神的塑造更是进行创业教育工作中的薄弱环节。“应试教育”的长久运用，导致我国学生的思维变得僵化。而作为知识的被动接纳者，大学生自身独立思考及创新思维的能力并未得到充分的运用。他们对于人生的认识和价值取向较为单一，对创造性的思维模式以及进取型的行为方式认识不足。同时，自身抵御挫折的能力也比较弱，在日常生活或者工作中遇到一些困难和挑战时往往束手无策，缺乏面对困难时保持平和与积极的心态，缺少解决实际问题的应变措施和勇气以及走出难关的坚定信念。我国的高等教育虽然已经开设了与创业教育相关的专门课程，但是在不少的高校，创业教育往往出现形式远超意义、流于应付的现象。创业教育的师资队伍没有实际经验，也未受过系统化的学习和训练，最终体现在“铁打的‘公司’，流水的‘老板’”。未能将企业家精神的培养引入教育目标，造成了企业家创新意识形态的急功近利和教学成效较差的结果。

我国有关企业家精神的研究起步较晚，现阶段相关研究成果还都是在其他国家研究的基础上进行的延伸，在实践方面也是模仿和搬运其他国家的创业教育模式，无法适应国内市场的环境要求和实现具备中国特色的目标培养模式。为了更快地缩短与其他发达国家之间的差距，有必要对国内大学生企业家精神培养进行宏观和微观因素的研究，分析总结优秀企业家在社会、文化等领域所应具备的基本素养，在管理学、心理学和经济学等学科的基础上，研究现代高等院校创新创业教育成果和教育体系发展状况，并基于相关理论和发展状况的分析，对大学生创新创业精神的培养、理论体系的完善以及教学的实践模式等方面进行深入的研究和探讨。

1.2 高校创业教育中的企业家精神教育

20 世纪 40 年代，哈佛商学院在美国专门开设了第一门创业教育的课程。随后迅速发展，到 20 世纪 70 年代后，创业教育已经在美国的高校中得到了快速的推广和发展。可以说，美国是率先推行创业教育的国家，也被认为是世界上实施创新型教育较为成功的国家。在美国，正是因为各高等院校的创业教育专门项目和课程投入普遍使用，而创业教育中心、创业教育研究会等项目相继建立，才逐渐形成了相对比较完善的创业教育制度体系以及浓厚的大学生校园创新型文化氛围，促进了更多的大学生、研究生和创新型企业人员的诞生。而创新型企业者给社会带来了巨额财富，这样也极大地缓解了社会的就业压力。在长期的教育实践经验及理论的积累下，美国的高等学府教育工作者所继承和积累的众多经验值得我国相关人员去借鉴与学习。

1.2.1 高等院校实施企业家精神教育的现实意义

实施企业家精神教育是一项迫在眉睫的工作。切实地加强和深入开展创新性创业素养教育建设，既是落实国家制定的创新驱动发展战略、推动经济建设提质增效转型升级的紧迫需要，也是推动高等教育整体结构性改革、提升应届毕业生创新性素养、缓解高校应届毕业生就业压力的一项重要举措。实行企业家精神教育，将是我国高等院校教育走向大众化的一个必然选择。从美国创业型教育的开展与实践中，我们不难看出“创业型就业”的目标是推动美国社会和经济发展的主要引擎之一，同时也促成了美国就业政策的成功。实行以“创业”为教育思想的基础企业家精神教育，是解决当前大学生就业困难的主要途径之一。

实施企业家精神教育将会有利于高等院校全面普及和推进素质教育，符合我国“十四五规划”当中对高等教育提出的新课程要求。在对高等学校应届毕业的学生进行企业家精神教育的同时，需要大学生走出校园，对其所设计的产品或者所提供的服务做出广泛而深入的研究，包括市场调查、分析与预测；完成相对完整的财务分析和预测；寻找可能的投融资合作伙伴和市场的契机；学会与他人的沟通、谈判及其他人力资源开发和运营管理的工作技巧；掌握知识产权保护、科技控股、商业法律规则等众多领域的专业知识。因此，企业家精神教育应该是一种建立在普遍素质教育基础上的更加具体、更为深化的综合性素质教育。大学生进行“以人为本”的企业家精神教育活动有利于培养和树立一种全新的大学生就业观，使得大学生意识到个人所学除了能够为别人创造价值之外，还能够成为自己创业的根本。所以，企业家精神教育从根本上说就是培养青年大学生独立自主创业的兴趣和潜能。

1.2.2 目前高校创业教育存在的主要问题

1. 创业教育的目标不明确

部分高校认为，创新创业教育就是培养企业家和创业者，是就业指导内容的一部分，在价值取向上不注重长期效果，只将其作为解决学生就业困难的暂时举措，视为提升学生就业率的补充。开设了大学生创新创业教育课程的高校在教学过程中，大多以“创业大赛”的形式，来介绍内容和备赛经验的讲授，只注重分数和排名，带有功利性地开展创新创业教育，忽视了学生创新创业精神和职业素养的培育，影响了创新创业知识的普及和学生综合素质的提高。还有的高校把创业教育变成了“通识教育”，创业教育的目标不明确，所有学科和专业的学生，所学的课程内容完全相同。不能做到有侧重地将创新创业思想和相关基础知识引入专业课程，有目标地提高学生在专业领域内的创新创业能力。

2. 创业教育的课程设置缺少一套明确的教学体系

目前来看，创业教育的课程设置缺少一套系统、明确的教学体系。很多高校仅仅将创新创业教育课程视为选修课、课外活动、讲座等，没有和高校人才培养模式改革有机结合，没有和教育教学体系中的专业教学有机结合。将创新创业教育狭隘地认为是技能与技巧的培训，忽视了创新创业教育的深层次意义，这就形成一个教育误区，认为开设了创新创业教育课程就是完成了创业教育的教学任务、贯彻了教学改革的精神，没有真正将创新创业教育融入教育教学改革中，学生也仅仅是为了得到学分而被动地去进行创新创业教育的学习。

3. 创业课程中的教学主体和教学方法欠规范

创新创业教育涉及多学科知识且具有实践性、实战性的特点，但很多高校的教师的授课仍然停留在“纸上谈兵”，创业课程中的教学主体没有实践经验，不能做到理论联系实际。有的学校在任课教师选聘上从行政人员和辅导员中选择创新创业教育课程的老师，这些教师的授课多是“天马行空”，缺乏一套规范、成熟的教学方法；有的学校采取从企业界、商界等聘请创业导师授课，但因外聘导师缺乏教学经验等原因，教学效果并不理想。

对此，本书将结合当前大学生创业热潮高涨的形势，从企业家精神的角度出发，针对大学生企业家精神的发展状况和提高企业家精神应该采取的具体措施，进行分析并提出对策建议。

第一，对于我国大学生的创业发展现状及企业家精神的研究含义与国内外相关的研究和发展现状，做简要的总结与梳理，明确创业教育的目的，为广大在校大学生创业精神的培养所需的具体内容进行铺垫、提供思路。

第二，建立一套创新创业教育的完整教学体系。将创新创业教育与专业教育有机融合，对于企业家精神的理论内容、定位和创新创业教育的目标提出具体的要求。

第三，加强对于企业家精神的实践应用，尽量多地给出实际案例并进行详细的分析。

第四，针对提升企业家精神的方式提出优化建议，从而提升当代大学生企业家精神的水平，激发大学生的创业热情，从根本上提高大学生企业家的能力。

第2章

创新之源

创新是人类进步的基石，是社会发展的动力。从当今人类社会的发展历程来看，懂得创新、敢于创新并善于创新的民族始终走在时代和社会发展的最前沿，并在激烈的竞争环境中始终保持自己的优势从而脱颖而出；而那些安于现状、拒绝创新的民族，终有一天会落后于时代的发展，甚至被历史淘汰。

习近平总书记在博鳌亚洲论坛2018年年会开幕式上的主旨演讲提道："变革创新是推动人类社会向前发展的根本动力。谁排斥变革，谁拒绝创新，谁就会落后于时代，谁就会被历史淘汰。"用创新引领社会进步、用创新推动中华民族永续发展，广大青年责无旁贷。尤其是在当今复杂多变且竞争力激烈的国际大环境当中，综合国力是国际竞争力的体现，知识积累、人才素养、尖端科技以及民族凝聚力是综合国力的本质。大学生作为新时代的知识青年和新一代的年轻人，应始终坚持与我国社会主义经济持续发展方向一致、与推动世界各地各族人民进步同行，对于新兴的世界事物往往具有与生俱来的文化接纳力与社会感召力。

大学生科技创新创业意识的培养，能够带动我国企业社会公益团体进一步发展，体现在增强科技创新意识、学习科技创新理论知识、参加科技创新精神实践等方面，并在很大程度上有效促进我国的科技自主创新能力的提升和经济可持续发展。理论实践直接来源于现实活动，并且促进了理论的成果转化。以在校大学生为创新实践教育活动开展的主体对象，其是否具有创新精神，以及自身创新能力的强弱，将直接关系着中华民族的发展。因此，作为国家发展生力军，大学生群体更应该加强创新意识的培养，为推动我国创新型社会经济发展作出贡献。

2.1　创新综述

2.1.1　想象力

爱因斯坦说：“想象力比知识更重要，因为知识是有限的，而想象力则环绕着全世界。”正如爱因斯坦所讲，想象力是无限的，它可以天马行空、无拘无束。

想象力是在大脑中描绘图像的能力，当然所想象的内容并不单单包括图像，声音、味道等五感内容，以及疼痛和各种情绪体验都能通过想象在大脑中“描绘”出来，从而达到身临其境的体验。比如当你说起汽车，马上就想象出各种各样的汽车形象、声音、质感等。想象力是在你头脑中“描绘”画面的能力，它就好像是一支画笔，凭借你的意志，什么东西都可以在头脑里画出来，清晰的、色彩鲜艳的、天马行空的等。想象力是推动进步的源泉，是人大脑中创造一个念头或思想画面的一种强大的功能，属于右脑的形象思维能力。

严格地说，想象力是科学研究中的实在因素。它是现代智能化活动的重要组成部分。心理学对想象的定义是：大脑通过对实际生活中已经出现的图像进行加工或者改造，得出一个新的形象。在当今社会，想象力将会成为一个群体乃至国家的核心资源之一，充满想象力的人才也将成为核心资源之一。想象力可以是一种从无到有的奇妙幻想，但并非一种空想，而是基于对现实中所存在的物体进行的深度探索和思考；抑或是在虚构幻想的基础上对事物做出了现实主义的假定。与奇幻相比，想象力更注重现实、尊重真理。同时，想象力也是一种能力，可以通过学习、训练来获得。

2.1.2 创新

创新是一个民族进步的灵魂，是一个国家兴旺发达的不竭动力，也是中华民族最深沉的民族禀赋。当今社会是一个飞速发展的时代，创新精神显得尤为重要。只有拥有创新精神的国家，才能让自己立于世界强国之林。市场是无情的，竞争是残酷的，只有坚持创新，个人才能体现价值，企业才能获得优势，国家才能繁荣富强。总之，创新是对理论的发展，创新是对实践的拓展，创新是社会发展的动力。

创新作为一种概念，最早出现在中国儒家经典《礼记·大学》。《礼记·大学》记载："汤之《盘铭》曰：'苟日新，日日新，又日新。'"这句话被商汤王刻在浴盆上，意为如果今天能把身上的污垢洗干净，那么就应该每天清洗以使身心清新，由此引申为对精神和品德的洗礼。这句话也是在时刻激励自己，要坚持不懈、时刻创新。

创新在现代社会主要是指新思维、新事物的产生过程。从文字方面解释，"创新"分为"创"和"新"，"创"意为要抛却旧事物，创造新的思想、新的观念和新的事物；"新"意为具有创意、新意。在英语中，"创新"即为"innovation"，该词源自拉丁语，主要有三种含义：其一是更新，即在既有实际事物上进行改进；其二为创造，是事物、工具、思维、模式等从无到有的产生，可以帮助人类进行生产、生活和工作；其三是改变。创新作为人类独有的认知和实践能力，是人作为高级动物展示主观能动性的形式，也是推动社会和国家平稳向前发展的动力源泉。

随着社会的发展、时代的进步，创新也被赋予了更多的含义。要适应时代发展的趋势，就需要实现技术上的创新。创新已成为21世纪全球很多国家的发展策略。美国、日本以及欧盟等国家和地区纷纷推出各自独特的创新与发展策略，我国也将目光集中在国民创新和发展活动中，期望通过此次机遇，在创新和发展的浪潮中寻找到新的经济增长和发展导向。在我国，“创新”正在引领着社会经济发展步入新的阶段。从我国大型运输机运-20的腾飞、我国第一艘国产航空母舰的起航，到5G技术的研发应用以及2020年全面小康的收官，创新正在融入我国社会发展的各个方面。

当然，并不是所有的创新都能得到好的结果，创新也有可能失败，但创新能积累大量的实践经验，这也是另一种意义上的成功。创新的失败在于表象，可能缘于技术不成熟或是方法不完善，但是不创新的失败是可预见的，不创新导致的失败往往比创新活动导致的失败更加残酷。

2.1.3　创新的类别

德勤·摩立特旗下从事创新咨询的机构德布林（Doblin）公司研究表明，成功的创新都是由三个大类里的十种创新基本类型组合而成。第一大类关注企业自身运营，包含盈利模式、网络、结构和流程方面的创新；第二大类包含产品表现和产品系统方面的创新；第三大类涵盖了服务、渠道、品牌和客户交互方面的创新，即的“创新十型”，如图2.1所示。

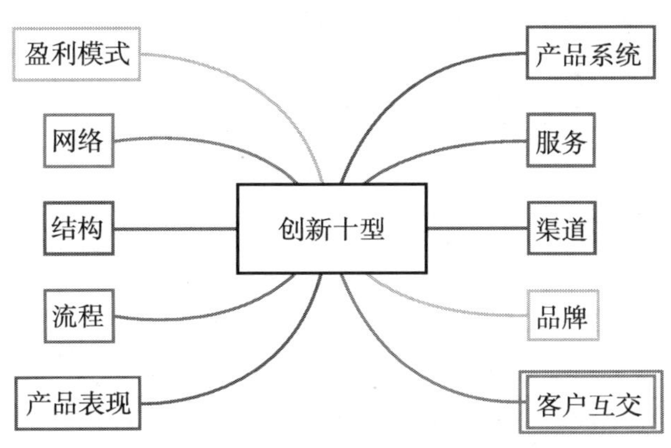

图2.1　“创新十型”示意图

1. 盈利模式——如何赚钱

盈利模式的创新是找到一种全新的方法，将企业的产品、服务和其他价值来源转化为利润，即探索如何赚钱的创新。出色的盈利模式必须对用户或消费者的需求有深层次的理解。其典型代表是吉列剃须刀。吉列公司用极低的价格出售剃刀，在吸引大批消费者后，再用价格不菲的替换刀片赚取利润。这种开创性的盈利模式极为成功，后来深刻地影响了无数的行业和产品，如早期的打印机和墨盒，如今的手机和移动 App。

2. 网络——如何联合其他企业创造价值

网络创新为企业提供了一种利用其他企业的流程、技术、产品、渠道和品牌，让企业在发挥自身优势的同时，联合其他企业的能力和资产创造价值的方式。网络创新的模式多种多样，可以是与同盟者的联盟，也可以是与强大竞争对手的合作。例如，UPS（美国联合包裹运送服务公司）和东芝达成协议，UPS 旗下物流部门的技术人员在提供包裹服务的航运枢纽站，帮助客户维修东芝的笔记本电脑。这种互补合作既节省了东芝的服务时间，也为 UPS 带来了新的收入来源。

3. 结构——如何组织并匹配人才和资产

结构创新是以特有的方式组织企业的人才和资产来创造价值的创新方式。它或是通过对优秀人才的管理，或是对资本、设备进行独创配置，或者是通过改善企业的固定成本和部门职能，包括对人力部门、IT 部门和研发部门的改善。这些创新在理想情况下，可以实现超越竞争对手的效率，为企业吸引高素质的人才等。美国的全食食品公司（Whole Foods）以彻底的分权管理方式而闻名。该公司的每家分店都由分店的员工团队来自主管理。在公司的利润表上，每家门店自主经营、自负盈亏，每个团队都有非常清晰的绩效指标。

4. 流程——如何采用独特或卓越的方法运营企业

流程创新需要的是不同于常规的巨大变革，能使企业利用独特的能力、发挥高效的职能，并迅速适应，创造领先市场的利润水平。流程创新往往能够形成企业的核心竞争力，可能包含一些专利性和专利性方法，让企业在几年内甚至几十年内产生巨大优势。丰田的精益制造系统即为其典型代表，ZARA（西班牙的服饰品牌）也是流程创新的典型。ZARA 大大拉近了设计师与各地市场间的距离，缩短了新品上市时间。

5. 产品表现——如何开发具有显著特征和功能的产品与服务

产品表现创新是指革新企业提供的产品或服务的价值、特征和功能。此类创新会产生全新的产品与服务，或大大拓展现有的产品线。人们常常错误地认为产品表现创新就是创新的全部，但实际上它只是创新中的一种类型，也是最容易被竞争对手复制的创新类型。

6. 产品系统——创造互补产品与服务

产品系统创新在于如何将单独的产品和服务连接或组合起来，从而形成强大且可扩展的系统。它通过互通性、模块化、整合和其他创造价值的方式将原本明显不同的产品与服务联合在一起。产品系统创新能帮助企业建立起留住客户并能抵御竞争的生态系统。非营利组织 Mozilla（浏览器标识，Mozilla 是一个自由软件社区，浏览器是用来检索、展示以及传递 Web 信息资源的应用程序）因其开发的火狐浏览器而广为人知。火狐是一款开源软件，允许独立开发者制作上百种独立插件程序。

7. 服务——如何支撑和提升产品的价值

服务创新能够确保并提升产品的效用、性能和表现价值。服务创新让产品的使用更加便捷。它展示出客户可忽视的产品特点和功能，解决客户在使用过程中遇到的问题。卓越的服务创新能为平淡无奇的产品带来引人入胜的用户体验，从而带来更多的回头客。在2009年的金融危机中，“现代汽车”启动的一项“保险”项目，购买或租用新型“现代汽车”的客户如果在购车一年内遭遇失业，可以把这些车退还给公司，而不用承担还款责任。此举大大提高了消费者对“现代汽车”的好感，让“现代汽车”的业绩在金融危机中逆势上涨。

8. 渠道——将产品和服务提供给客户和用户

渠道创新涉及企业将产品和服务提供给用户的所有方式。此类创新的目标是确保用户能够在任何期望的时间，以任何想要的方式买到自己的产品，同时享受最大限度的便利、最低廉的成本和最大的愉悦。亚马逊官网上的“网络点播”是客户可以通过内部无线网络免费试用的服务。用户可以购买和下载电子书，用不到1分钟的时间就可以开始阅读。

9. 品牌——展示产品和业务

品牌创新有助于确保用户识别，记得并青睐企业的产品和服务，而非竞争对手或替代产品。英特尔的“intel inside”标记大幅提升了处理器的识别度。任何带这个标记的产品都增加了用户感知的价值。

10. 客户交互——如何培育吸引人的互动

客户交互创新在于如何了解客户深层次的需求，并利用这些深刻的见解发展客户与企业之间的关系。例如Foursquare（一家基于用户地理位置信息的手机服务网站，鼓励手机用户同他人分享自己当前所在地理位置等信息）经常提供基于地理位置的服务，它会对在特定地点“签到”的客户给予奖励。

“创新十型”不是一个流程表，也不是各种类型的排列顺序或涉及等级的体系。企业可以利用“创新十型”，通过几个方面的组合来构想突破性的创意。创新却并不仅限于这十种基本类型的创新方法，这十种类型之间又可以彼此组合，还可以通过混合搭配形成新的创新方法，实现新的创意，如图 2.2 所示。这十种创新类型的概念影响了全世界数以千计的高管与企业，给企业创新带来了极大的方便和效益。

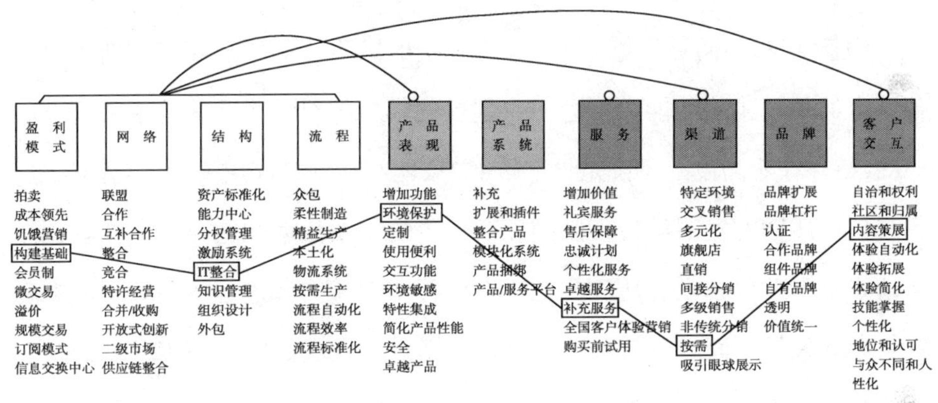

图2.2　“创新十型”组合示意图

在此基础上，还有学者按照不同的环境进行了一系列分类，从创新的规模和影响、创新与环境的关系、组织系统组建的过程、创新的组织形式等角度进行创新类别的研究。

2.1.4　创新的内涵

创新意味着人们利用新的思维模式，或者用不同以往的方式方法结合现阶段观点，来实施明显变革的行为过程。它可以理解为打破常规限制，在融会贯通现有知识积累的基础上加以延伸，进而为社会创造更大的价值。

创新活动应包含以下几项主要能力。

1. 创造能力

创新就是一种利用创造性能力进行思考、形成意识的实践活动。创新实践活动的具体发展过程及最终结果，不仅能体现人们自身的创造创新能力，也是实践成果的直接体现；而自主创新能力就是勇于解放思维、拓宽科学思路、敢于自主变革、大胆打破科学惯例的能力，是一种胆识，能够帮助个体勇于主动接受和积极开展具有较强创造性的科学思考与理论实践创新活动。

2. 承担高风险的能力

创新活动的本质也决定了它具有一定的风险性，所以要求创新人才具备一定的承担风险的能力和素质。创新的成功与否，以及获得多大程度的成功,都存在着高度的不确定性,从而导致创新活动的高风险性。总而言之，纵观创新活动的发展历程，收到预期效果的创新活动往往是极少数。创新活动如果失败或者没有达到预期，不仅会使创新实施过程中的大批成本和投入无法收回，而且很有可能还会因此错过其发展的最好机遇，从而损害群体竞争的综合实力。然而，创新的过程虽然充满了风险，但并不代表它比因循守旧的风险更大。因为只有通过创新，组织才能有未来，才会有发展的动力和生长的活力。只有对创新活动过程中可能产生的各类风险有全面的认知，才能在出现不确定性因素时采取措施来减少活动风险，从而提升创新活动的成功率，这是创新人才所需要具备的核心能力之一。

3. 远瞻能力

一般情况下，创新一旦成功能获得较高收益甚至是额外收益。创新活动的高风险性，伴随而来的就是高收益，创新活动的高收益与高风险性之间存在着密切的关联。总而言之，人们期望的创新是所获得的工作效率和收益（包括经济效益、社会效益、生态效益），远远超过由于创新产生的资金投入和技术风险所导致的损失。有的技术创新不仅能让单个群体具备自身市场竞争优势，而且很可能使其在一定范围内、一段时间内、一定程度上进入垄断状态，从而获得超额收益。当然，这种地位也可能随着技术的拓展、较低层次或更高级别创新产品的出现而逐渐丧失。因此，只有具备远瞻能力的创新型人才，才能够不断探索和发现新的发展机会。

4. 统筹能力

统筹能力是指洞察事物本质、谋划工作、整合协调和创造性思维等方面的能力。创新的统筹能力主要体现在：从过程来看，创新是一种包括战略、市场调研、预测、决策、研究开发、管理、营销以及设备制造、安装和调试等一系列环节的系统性活动。这一系列活动本身就是一个完整的闭环，创新过程中必须要能够统筹全局，其中任何一个环节有所失误都会直接影响到企业的技术革命和创新。从影响因素来看，创新活动受知识、经验、经济条件以及社会关注度等众多外界因素的影响。从参与人员来看，创新是由团队共同努力的结果，需要多个部门和多个人员之间的相互协调与分工合作，以使创新达到预期目的。

5. 积极进取的能力

事物是处于长期发展和不断变化之中的，组织的外部环境和内部条件在不断地发生变化，组织的综合创新能力同样处于不断积累、不断增强的状态，决定组织创新能力的各种影响因素也在对其结构进行动态调整。从我国民营企业之间固有的市场竞争地位角度来分析，随着各类群体创新创业活动的广泛开展，群体的固有市场竞争地位优势将会逐渐消失，这需要不断地用创新活动来推动企业发展，不断地用创新来确立自身市场竞争地位的优势。因此，创新并非一成不变，而是一个持续发展的动态过程。不同时期的社会组织在企业创新发展过程中的工作内容、手段、水平都存在着很大差异。从当前我国基层组织制度建设创新发展的总体和趋势特征来看，前一个发展时期的低水平或中水平组织创新，总是被后一个发展时期的高水平创新逐渐取代。创新型技术人才有效推进了企业技术创新领域的逐步拓宽，技术创新应用程度的稳步提升，是促进企业组织持续发展的强劲技术驱动力。

6. 把握时机的能力

对创新时机的把握能力是指企业所追求的创新契机常常存在于某个特定时期或区域。如果能正确认识到自身所处的客观条件，抓住并充分利用时机，就有可能取得技术革命性的创新；相反，没有足够的能力识别这个时机或没有足够的精力去应对这个时机，都会使创新活动前功尽弃。由于当今世界对人类发展需求的巨大差异性和变化特征，加之我国整体经济社会综合科学技术水平的不断改善和提高，创新的契机在不同的方向上存在差异，在相同的方向上也因为其所在的阶段而有所不同。由于创新成果的确认和保护与时间因素存在着紧密联系，人们只能承认和保护那些在第一时间获得确认并以专利形式表现出来的创新成果。创新的时机性特点，决定了企业和创新者进行技术创新决策时必须按照市场的变化趋势、社会科学技术水平以及专利信息状况等方面来进行方向选择。因此，企业家必须具备把握时机的能力，从而识别该方向创新过程所处的阶段，并选准切入点，抢先获得创新成果。

2.2 树立创新意识

2.2.1 创新意识的含义

创新意识作为人类社会发展的动力和源泉，是人类遵循社会和个人发展的必然结果，人类在活动过程中表达其自身的创新意识，并通过创新意识来创造新事物和新观念。创新意识作为人类意识活动中最为积极、富有成果的表现形式,也是人类进行创新活动的出发点和内在动力。例如,对于自身认知的不满足,从而不断追求新知;对于现有生产方式、材料、工具的不满足,从而根据实际情况和需求来进行创新和改革;对于既有规则、方法、理论、习惯的不满足,从而打破原有规则,探索新规律、新方法、新理论、新习惯;对于权威观点的不满足,从而根据自身思考或事实挑战权威观点。总而言之,不盲目地追从他人的思想和行为是创造意识的前提。

创新意识起源于积极的思维,创新思维倡导人们提升独立思考的能力,不盲从大众想法,但这并不是固执己见、不倾听他人建议。这要求培养企业家独立思考和合作共处的能力,只有注重团队的力量,才能帮助团队有效沟通和交流。因此,培养大学生创新意识要注重以下几个方面。

1. 注重培养求知欲

求知欲,实际就是寻求知识和掌握知识的能力。只有渴望获得知识,才能不断接受新的信息,才能不断攀登至科学的顶峰。例如物理学家爱因斯坦,在常人眼里,并不是一个聪明的孩子,但他总是提出一些稀奇古怪的问题,让人觉得有些低能、傻气,大人们甚至怀疑他的智商是否有障碍。人们无法理解他所提出的貌似可笑和无知的问题,实际上这是他对未知世界的强烈求知欲的表现。

爱因斯坦那被人误认为平庸、低能的脑袋里,充满了对世界的苦思冥想和百思不解。爱因斯坦对理论物理学的发展具有极其深刻的影响,甚至可以说,具有"改变世界"的重大意义。他在物理学多个领域均有重大贡献,其中最重要的是建立了狭义相对论,并在此基础上推广为广义相对论。因物理学方面的贡献,特别是发现光电效应定律,他于 1921 年获诺贝尔物理学奖。学而思、思而创，是创新的必经之路。在现代的大学教育中，要注意培养大学生的求知欲，使大学生在具备强烈的学习新知识的欲望，自觉融入自主创新的时代洪流中。

2. 特别关注好奇欲

好奇欲即好奇心和想象力，是我国进入新发展阶段大学生核心素养培育的新视点。要推广以培养大学生的好奇心和想象力为核心，以提升大学生科学素养和批判性思维为导向的跨学科的教育实践活动。在核心素养的视域下，如何激发大学生的好奇心和求知欲，首先要关心学生，培养学生的学习兴趣，鼓励学生质疑问题，创设情境，注重知识储备；其次，好奇心是智慧的火花，是观察事物的起点，培养学生对自己所接触的新鲜事物和现象保持旺盛的兴趣与好奇心，要有勇气在新鲜事物面前大胆地提出一些新观点，并敢于探索和实践。

3. 注重培养创造欲

与求知欲不同，创造欲的内在动力源自对现有思想、观点和事物的不满足，注重培养当代大学生的创造欲，引导其时常思考如何在既有基础上发明创新新事物、新观点，看事物要从不同的角度出发，找寻最为简洁、有效的方法和途径。

4. 着眼于培养质疑精神

有了疑问才能引导学生认真思考并探究，从而创新。因此，要积极鼓励学生大胆质疑和思考，提出解决实际问题的有效对策以及最优化的解决办法。从更多角度来培养大学生逆向思考的能力，同时给予相应的激励。质疑既有事物的同时，也是在积极探索改进和革新方案。激发和鼓励学生的质疑行为，是培养学生创新意识的重要方式。所以获取知识的前提是用于提出问题，只有提出问题之后，才会正视并思考问题的解决方式，从而使大学生的认识方向发生转变，增强其创造力和自信心。由此，大学生既应当尊敬名人和社会的权威，虚心学习前人宝贵的知识和经验，又一定要勇敢质疑他们，在其已经开展的各种创造性实践活动的基础上进行再创新。

创新意识主要包括以下内容：思想积极、生动、活跃，富于创造性；具有批评现状、改变现状的勇气；敢于标新立异的求新创业精神与理想追求。大学生在培养自身综合素质和增强自主创新意识的同时，一定要树立正确、科学的自主创新思想观念，明确自主创新的具体内容和基本含义。既要敢于面对现状，勇于创新，又要预防自主创新思想变成纸上谈兵；既要重点着眼于运用现有科学手段无法解决的技术问题，又要重点着眼于未来阶段可能出现的新经济形势、新技术问题的解决方案。只有具备强烈的创新意识，才能想前人未想过的事情，才符合当今社会对创新型人才的需求。

2.2.2　创新潜质的激发

创新意识是引发创新的因素，也是形成创新能力的基础。从某种程度上来讲，创新意识比知识积累更为重要。一定时期内的知识是相对有限、相对恒定的，而创新意识是推动知识进步的源泉，是科学探索的动力。可以说，没有创新意识就没有历史的发展和人类的进步。因此，激发创新意识、发挥想象力，是促进个人、企业乃至国家发展的必由之路。

将培养创新型人才作为我国教育领域广泛认可的新一代素质教育的目标，已经逐步提高至国家未来发展所要求和保障的层面，并且已经成为当今世界各地教育行业发展的前进方向和总趋势，如图 2.3 所示。

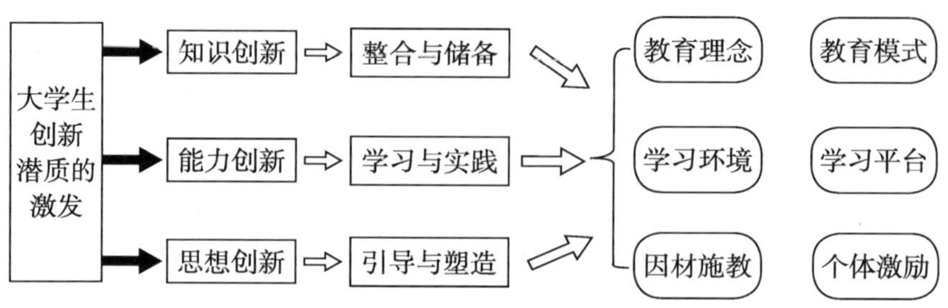

图2.3　大学生创新潜质的激发

激发大学生的创新潜质，可以从日常教学活动做起，从改进传统教学手段入手，如开展翻转课堂、以赛促学、理论与实践相结合等活动。要善于发现学生的新动态，并深挖其可能带来的新事物和新思想。例如，很多年轻人都有上网和购物的习惯，这被认为是学习和积累各种技术方面知识的新方式，能通过上网了解时下最受欢迎的视觉倾向和趋势，同时丰富文化和创意阅历。从教学活动中的某个节点或者某个特征出发，借鉴其成功之处并拓宽创意思路，往往能够完成优质的创新和设计，为借鉴和实施创意奠定良好的基础。

2.3　创新型人才的培育

2.3.1　创新型人才的构成要素

从关于创新型人才的基本概念中，可以明确了解这类群体是如何形成与如何发展的。创新型人才的形成与发展并非无据可依，相反，它具有一定的内在规律。也就是说，创新型人才的构成要素可以成为衡量与评价创新型人才质量的标准。只有明确创新型人才的构成要素，才不会影响创新型人才的培养结果，不会对其他专业技术人员产生局限性和约束，反而将成为高等院校推动创新型人才培养工作的现实着力点。

虽然我国创新型人才的培养目标来源于不同专业领域，但是，针对这些领域内创新型专业人才所具备的个性特质和综合能力素质的学术探索与科学研究却是完全一致的。专家普遍认为，创新型人才必须具备较高的基本素质和专业素质，主要包括独立的基本职业道德品格、崇高的社会道德情操、敢于开拓进取的拼搏精神、不满足于现状的理性追求、强烈的求知欲及开发创造能力、不断追求发展进步的专业本领、优秀的创造性工作潜能。同时，也有专家建议，创新型人才必须要培养良好的科学知识储备、缜密的逻辑思维、良好的表达技巧、丰富的想象力、浓厚的创新愿景、强大的创新欲望；同时，具有热爱和谐社会、追求健康美好生活、严谨治学育人的态度，以及善于沟通协商、团结合作的创业团队精神。

在创新型人才的培养过程中，需要各种要素共同产生作用，现总结如下。

第一，以“创新意识”为核心的释放天性。这也是创新型人才需要具备的价值观和人格品质。所谓“释放天性”，就是以协调好个人、集体及社会三者之间的关系为前提，充分挖掘个人的兴趣志向、内部优势和业务技术专长，使人尽其才。促进学生个性化发展，目的就是要培育学生的主体精神，形成自身的独立人格，挖掘自身的创造潜力。创新型人才的培育过程越完善，个性的发展就越充分，更有利于促进创新思维和想法的初始萌生，帮助创新意识向最终创新行为进行转化；反之，如果学生的个性发展被遏制，就会遭受各种条条框框的约束，必然会遏制其创新思维和想法的形成。独立的人格是培养创新型人才的核心要素。

第二，广博的知识储备和扎实的专业知识积累。这是培养创新型人才所需的重要内容。当今社会，科学技术的进步与发展速度日益迅猛，多门类学科的交叉与融合性也空前增多。诸多的前沿成果和科研创新都来源于交叉学科或边缘性的学科。该类学科的进步、细化和研究精深并非各类学科共同发展的阻碍和边际线，反而给学科之间的借鉴与渗透等工作创造了有利的条件。这不但需要社会科学内部或者人文与自然科学内部各类学科之间的协调与合作，更需要将其与自然科学、人文与社会科学以及其他信息技术等学科紧密地结合在一起，让学生综合掌握多学科的知识与方法。我国的创新型人才培养工作需要尽快顺应时代发展的要求，解决现今存在的问题，既要有过硬的专业技能以及在本领域进行深入探索的能力，也需要具备一定的人文素养。创新型思维的形成恰恰是以其海量专业知识的积累和实践活动经验为主要依据，以其相近的专业知识点为主体拓展的空间，开阔思路，通过对知识点的捕捉和摄取来提升自己的综合素养，通过想象力和发散思维（见图 2.4）来激发其创新的灵感。

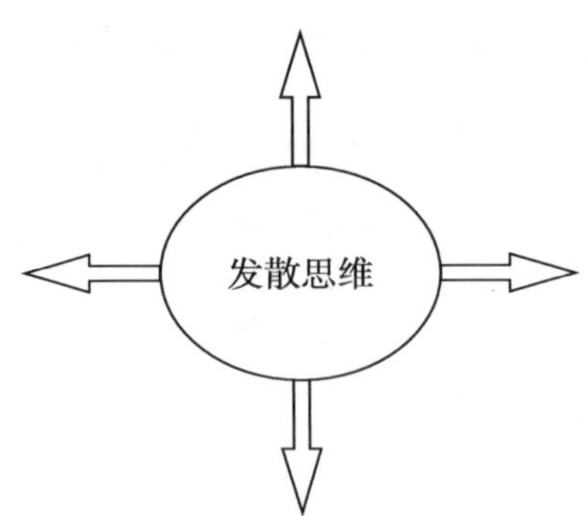

图2.4　发散思维示意

第三，优良的创新品质，如健康的职业道德和崇高的奉献精神。这为创新型人才的培养提供了重要保障。创新型人才除了必须要具备独立的人格和个性以及更高的智慧之外，健康的价值观、积极乐观的人生态度也至关重要。健康的人格泛指乐观的心态、积极向上的开拓进取精神、朝气蓬勃的精神风貌，对新鲜事物乐于探索和追求，并且希望通过自我创新而有所改变、有所作为的人生预期。

在培养创新型人才的同时，需要注重培养其上进心，对待职业工作应该要有热情，对待生活应该要有激情，在实干中学习，在课程中训练，不怕吃苦，善于奋斗，愿意付出，懂得享受。创新型人才也需要具备一定的社会责任感，能够将个人前途和社会经济发展紧密地联系起来，将个人创新成果应用到制度建设中，为社会谋利益和福祉。

创新型人才需要具有一定的抵御挫折的能力。创新的本质就是新事物战胜旧事物，在新旧两种力量的相互对比和较量中破旧立新，积极扬弃和追求超越，在这一过程中，如果心智不成熟，则很可能无法成为合格的创新型人才。只有具备良好的组织管理能力，主动应对管理挑战，抵御管理压力，才能将这种管理压力更快地转化成创造性的管理动力，实现对优秀创新型管理人才的有效培养。

此外，良好的身体素质和心理状态也是培养创新型人才的重要素质基础和基本保障。没有良好的身体素质和心理状态，就无法顺利完成创新研究项目及创新课题的各项研究任务，创新将会直接受到体力、智慧和创业精神的三重考验。

2.3.2 创新型人才的特征

社会对于创新型人才的认识会因其所在的时代和所处的领域而有所不同，但是依旧可以从创新型人才的具体特点和表现中，得出一些共有的特征，即社会历史性、主体地位和实践性。

首先，社会历史性特征是创新型人才培养过程中的有关成长环境与社会关系的必然条件。一方面，创新型人才本身就是社会历史观念，群体的培养与成长、发展都离不开社会所提供的物质基础与社会历史背景。这就直接决定了人类在不同的时期，会受到各种社会经济发展水平的限制和影响，而人们对于创新以及各技术领域人才的理解和关注程度也会因所处的社会阶段而有所不同。社会对于创新型人才的评价与认可程度必然会带有明显的时代烙印，这种具有历史意义的社会特征，会在较长时期内影响创新型人才，从而影响到他们的创造力、品格和技能。另一方面，社会的繁荣、发展和进步都离不开生产力的支持和推动，其中起到决定性作用的是生产力中最积极的因素——人才。创新型人才，特别是能够掌握先进科学技术的高素质创新型人才，他们为我国的时代进步与社会发展作出了巨大的贡献。随着我国经济增长速度的加快，创新型人才被重视的程度也越来越高，这个群体对我国社会发展过程的推动意义也越明显，这种意义产生的影响可以延续到现在。各个发达国家对于培养创新型技术人才的重视程度不同，其推进社会发展的根本出路和发展起点也不同，但不难发现，越发达的国家对于创新型技术人才的专业培养和人才引进工作投入越高。当前，移动端和互联网及未来现代化的信息电子科技迅速进入爆发的信息时代，国与国之间的人才市场竞争关注的焦点正日益集中在培养高新技术和新型专业人才上，全球范围内的发达国家和产业地区已经认识到推进创新型专业人才培养的必要性和紧迫性。然而来自不同产业地区和不同技术行业的高新技术型和创造型专业人才，其国际职业生涯发展仍然有着较大差异。由此，在开展创新型人才的培养工作时，必须充分考虑社会发展过程中各个方面的影响因素，以确保创新型人才的培养更加富有针对性和可操作性。

其次，主体性无疑是创新型人才最鲜明的一个特点。人们确认自身具有主体性的这个过程，也是现代人追求自我认知、自我提高、自我实现的一个过程。人只有正确认识和客观看到自身的存在，才能充分开发创造的无限潜能。一方面，人类来到这个世界后想要获得生存与持续发展的机会，就必须意识到自身的社会主体性及其存在性，并不断进行创造和研究开发，提出各种技术手段、科学技术以及工具，按照人的主体意志来改变这个世界。另一方面，人在不断改变这个客观世界价值的同时，也在逐渐提升自身的价值，体现自己被社会所认同的价值所在。作为人类社会的主体，人通过各种创造性的活动方式，来培养和发展自身的聪明才智与健康体魄，不断确保主体的生命力，以实现更高的人生价值。

最后，实践性也是创新型人才的重要特征。创新型人才的培养、成长都离不开社会实践，创新型人才的能力的形成和发挥也需要以社会实践作为平台，能否在整个社会中发挥促进作用，决定了社会实践的重要性和价值。一方面，创新来自实践，人类在认识真理、发现真理、验证真理的过程中，都必须要遵循“认识—实践—再认识—再实践”的原则。企业自主创新型管理人才的选拔培养本身也是实践过程，从中可产生企业的自主创新社会动机，培养企业的自主创新能力，由此得到的企业创新发展成果必须在实际社会实践中不断验证，才能实现转化。实践性的工作方法是学生探索创新、研究创业知识的根本途径，在我国创新型创业人才的选拔、培养、使用的过程中具有重要作用。只有通过理论实践，才能真正培养和突出个体的敏锐观察力、精确的思维运用力、严谨性和逻辑性集体思维的运用能力，对科学发展真理的不断坚持与不懈追求，内化成个人的革命性思想和创新精神，打破旧有思维意志与旧有思维方式的限制，引领一代一代大学生主动接受创新挑战，并寻求创造性的突破，以达到破旧立新的崇高目标。由此，政治实践性不仅指我国社会主义政治实践的理论基础，应当还包含颠覆、突破、超越等基本内容。另一方面，创新型管理人才资格是否得到社会认可并真正实现其自身价值，还是需要以我国社会管理工作者和实践情况作为资格评价的主要依据，同时反思是否在我国社会经济进步中，真正起到了正向的积极者和推动者作用。最好的教育方式是“从生活中学习，从经验中学习”。创新型人才在培养过程中应当体现出相应的时代特色，人才的培养过程能够深层次地满足时代发展需要，注重工作方法和人才培养的实践性才能有效提升创新人才和市场、社会实际需求的契合度，从而培养出适应时代发展需求的高素质人才；反之，创新人才的培养过程也会对社会环境或地区环境产生不同程度的影响。实践性的创新要求创新不能只停留在理论层面，而是必须要与国家社会主义经济管理生产中的实际行动和社会现实生活密切关联。

由于中西方在文化体系、教育模式以及价值观念上存在差异，创业在中西方语境中也存在不同的含义。中国的创业指的是“创立基业”，西方认为创业是创造企业的过程，强调财富的创造。本书中的“创业”指的是通过一定的方式或组织形式来实现价值创造的过程，既包括新企业的创办，也包括在岗位上的创业，侧重于具有创新意义的新成就和新贡献，而不仅仅是经济活动和财富的增长。

第3章

企业管理文化

从管理的相关理论和实践发展历程来看，人类社会模式的发展进程与管理学的学术进化是息息相关的，核心诉求是有限资源的整合与分配。不管是从国家和各级政府的宏观层次上来看，还是从微观个体层次上来看，人类社会模式深受管理文化的熏陶。而优秀的企业管理文化本身就是提高社会所有组织的凝聚力、竞争能力的来源，是应对各类困难、推进企业生存与发展的基础性动力。在中西方组织管理工作的实践中，形成了两种差异性较高的组织管理文化，中西方不同的组织管理体系、管理模式以及管理思想都影响着不同行业和地域的组织发展。

3.1 文化与管理文化的关系

从管理概念上来看，自从有了人类活动，就伴随着管理活动的发展。人类社会的生产性活动实际上就是协调各种资源、解决各种矛盾的过程，这正是管理活动的核心功能。而人类的文化记录着人类活动的一步步演变的全过程，因此，学习管理文化必然需要认识到文化与管理的内在联系。

3.1.1 管理属于文化的范畴

管理文化是从企业文化体系中衍生出来的一种文化。现代管理学之父彼得·德鲁克在其著作中把管理与文化明确地联系起来，他认为，管理不仅仅是一门理论学科，还是一种文化，有它自己的价值观、信仰、工具和语言。

1. 管理文化的定义

管理也是一种文化，把管理活动视为文化现象。从文化的视角来考察和研究管理，对管理进行文化方面的研究，文化也是一种管理手段，管理效率依赖于诸如价值系统、管理哲学等文化变量。

管理文化主要是指管理思想、管理哲学、管理风貌，它包括价值标准、经营哲学、管理制度、行为准则、道德规范、风俗习惯等。

企业管理文化是由企业领导层提倡、企业所有成员共同遵守的文化传统和不断变革的一套行为方式，它体现为企业价值观、经营理念和行为规范，揭示文化对管理的影响，它渗透于企业的决策、组织、激励、领导等管理全过程中，提供文化与管理匹配的最佳模式。企业管理文化就是企业管理中的文化意蕴，是文化特征在企业管理中的体现。

管理植根于文化之中，在管理理论的基础上发展起来的企业文化理论，称为管理文化。将企业管理从技术、经济上升到文化层面，是管理思想发展史上的创举，作为在管理理论基础上发展起来的企业文化理论，是对原有管理理论的总结、创新而成的。它从一个全新的视角来思考和分析企业这个经济组织的运行，把企业管理和文化之间的联系视为企业发展的生命线，它的核心是使员工关心企业，给企业管理理念和实践带来生机与活力。

在推动人类进步的历史长河中，人类积累了丰富的管理经验，形成了种类众多的思想和理论，而管理制度、管理组织形式、管理理念和管理技术构成了管理的实践部分。理论与实践相互融合、相互印证以及相互作用，共同构成了管理文化的基本内容。

2. 管理文化的内涵

企业管理文化的内涵，体现在将文化渗透于企业的决策、组织、激励及领导等管理过程中，提供文化与管理匹配的最佳模式。

管理文化是基于企业管理而形成的核心价值观、行为准则、精神和理念。企业管理文化包含三个方面的内容：完整的管理规章制度（制度文化）、高效的执行力和行政效率（执行文化）和融洽的团队管理队伍（团队文化）。

企业抓好了这三个方面的内容，就能形成优秀的管理文化，促进企业管理水平的不断提高。完整的管理规章制度是形成管理文化的前提和基础。高效的执行力和行政效率是形成管理文化的关键。融洽的团队管理队伍是管理文化形成的保证。管理文化内容可细分为管理理念、管理制度、团队协作、行为规范、资金成本管理、生产现场、技术创新、生产运行、物流管理、营销管理、项目管理、物业后勤、安全管理和时空管理等。

3. 管理活动是一种文化现象

（1）管理文化与文化管理

文化管理是一种管理模式，管理文化则是一种文化样式。而管理文化主要是指管理思想、管理哲学和管理风貌，其核心是管理的价值观念。一定的社会、民族和文化圈的文化，必然会渗透和反映在一定的管理活动中，管理文化其实就是一定文化特征在管理中的体现。

管理是一种文化现象，管理模式的更迭体现了人类文化的演进。经验管理时代有经验管理时代的管理文化，科学管理时代有科学管理时代的管理文化，但不能说有了管理文化就有了文化管理。

（2）管理活动是一种具有某种特殊文化的现象

反观人类社会的发展历程，最初的管理活动仅仅是一种简单的经验组合，作为四大文明古国之一的中国这一时期在历史上更为长久。在企业管理学作为一门专业而单独存在的当今时代，更多人认为企业管理学就是一组具体的方法性措施，是一种制度模型的组合。在第一次工业革命之后，管理内容更加繁杂，行为学、心理学等专业逐步融入管理学中，开始从个体需要与行为动机两个角度入手，关注到工作环境中劳动情绪以及行为的影响并且推出了劳动绩效的概念，但却完全忽略了组织架构模型、社会经济的诱因、管理科学技术等因素。在现代企业管理的新时代，出现了众多思想流派与分支，对于前人的企业管理制度进行批评性的吸收，并依据技术的发展融入新方法，在定量分析中取得显著成果，更加注重企业个体作为生产力主体的社会主观能动性及其在科学技术进步与生产力更新中的应用价值，并且提出了企业管理文化的特点。

综合来看，过去的管理思想大都聚焦于企业管理的部分元素或者是资源，揭示出企业管理在其历史进步中的一些本质属性，但同时也缺少从整体层面上进行企业管理的结构，以及管理过程中企业文化的培养与发展这一重要因素。

综上可知，管理活动本身就是一个具有某种特殊文化的现象，可以针对其文化属性进行综合考量与研究。首先，可以从更广泛和宏观的视野来正确认识企业管理，有利于对企业管理的思想和理论进行抽象，进而借助企业管理文化的根本内涵和结构体系来深入分析企业管理文化结构与体系的特点。其次，运用企业文化研究的具体成果和方法，能够提升对企业管理理念的研究能力和水平，进一步洞穿企业管理的迷雾，分析并深入研究企业管理的特点。最后，管理学作为一种社会文化现象，可以从整个社会文化发展这一纵向角度上来进行探讨，充分考量文化在其历史时期的重要作用。

4. 文化是一种管理手段和目的

文化有助于促进企业管理与发展。首先，文化可以在具体的管理实践中培育出共性价值观。其次，文化可以作为一种整章建制来使用、规范和保障管理活动的顺利进行，保证管理的基础和核心精神思想在制度层面上得以表达和呈现。最后，企业的管理绩效在一定程度上取决于企业核心精神、管理思想等文化变量。

多个国家和地区经济的高速增长与发展很好地诠释了中华民族文化的

作用和影响力。通过对理论知识和现实发展的研究与探索，西方学者也发现了中华文化的吸引力。

西方学者认为，这些具体的管理办法同中国人的文化背景有着非常大的联系。经过大量的案例分析和实践探索后，西方学者得出这样的观点：中西方人在企业管理中的主要区别和差异不仅体现在具体的管理制度与办法上，而且体现在背后的企业文化以及在企业管理中对于各个要素的认知上。西方国家在企业管理中更注重技术、体制、组织架构等方面的问题；而以中国传统文化作为依托的东方国家则更加注重诸如宗旨、信仰、价值观等不明显的因素。

西方学者针对西方企业经营管理的成功经验，组织个案进行了深层次分析，结果表明无论是东方还是西方企业，成功的经营管理制度都是着眼于“软”因素，即“软管理”。软管理是当代世界管理创新的新趋势。软管理的概念最早是从反对严格按照规章制度管理的“非人性”特征的角度提出的。在软管理中，“人力”是一个综合概念，它包括劳力和智力两个方面的内容，它认为，人力中最为宝贵，最具有价值的部分不是“劳动力”，而是“智力”,是人的大脑中所隐藏着的无穷无尽的创新和创造能力。因此，管理的重点就应该充分开发、发挥和利用人的智力。自此，管理科学界开始认可文化本身也是一种有效的管理方式和手段，文化中的潜在性和水面下的“冰山”才是企业管理的核心要件，也是企业管理成败的基础和关键。

3.1.2 文化与管理的共生性

管理中的文化是社会变革过程中的产物，并且伴随着我国社会生产力水平的不断提高，管理这一行为活动也成为整个社会文化的重要组成部分。所以，管理与文化之间的相互包容具有共生性，管理活动水平不断提高，能有效增强经济发展与产品丰富度以及对个体社会的满足度，最终促进生产力的发展与社会进步。作为整个社会文化制度的子系统，管理文化不仅丰富了现有社会文化制度，还可以帮助管理和文化之间的交流与共同发展。管理和文化之间既有相似性也有共生性，管理活动的产生和发展也是伴随着文化的进步而进步的。

随着我国经济贸易的进一步扩大，参与贸易的方式和手段也越来越多，出现的交易形式也越来越多，为了能够更好地约束对方的行为，在契约的基本原则上出现了各种具有强制性的法规以及跨文化的企业管理，这正说明了企业管理与企业文化之间的共同文化特征。

现阶段，有关我国企业文化的核心和内涵都离不开企业与个体之间人际关系的维护，我国企业文化的强相关也能够帮助我国企业和组织文化在历史与社会发展的路途中得以保证其完整性及传承性，这也恰恰是现代企业管理中一个引人高度关注的特点，人与企业之间的关系十分复杂，我国的经济管理本身也在其中，同文化共生。

3.1.3 文化在管理中的价值

社会文化背景的不同也会影响管理文化的产生和发展，有关企业管理工作的关注重点也离不开对企业文化的思考和研究，研究企业文化的变化发展对企业管理工作有其特殊的影响和价值。在世界经济和市场一体化的过程中，企业要充分发挥管理的价值，而企业管理的基本方式就是提升对文化的敏锐度和感知度。文化在企业管理中的地位和价值在当下越来越突出，主要表现在以下几个方面。

1. 导向功能

文化在企业管理体系的形成和发展中起到引领与导向的作用，这种引领与导向是企业文化在其管理过程中的精神创造和内化。根据文化在企业管理中起到导向作用的方式可分为有价值的导向、管理体制的导向、行为目标的导向等。文化本身也是一个时代的产物和形式表现，体现了时代的先进性，能够推动管理活动的有效实施，对于个体和企业都会产生潜移默化的影响，引导着各类组织顺应时代经济发展的潮流而推动其发展。管理文化的引领与导向功能体现在企业管理服务的精神和使命上，凝聚着企业组织共同的价值观，对管理的主体和顾客群众的思想、行为都起到了重要的推动作用。

2. 文化的归属效应

文化不仅可以提升人们的心理认同和情感归属，还可以通过文化中特定的核心价值观来促进历史文化和关键人物的宣传，通过相关文化活动来促使人们产生强烈的认同心理，加速团队目标和个体目标的融合和统一，逐渐达成一致的社会共识目标，而对于自身目标理念的认同，则会增强人们内心的归属感，从而提高组织的凝聚力。

3. 协调功能

文化能够在各种组织内部的成员之间起到协调作用，当管理活动的过程中出现组织与其他个人的价值及其利益产生冲突时，共同的社会文化背景更容易消解冲突，起到缓冲和协调的作用，使矛盾得以和谐而合理地解决。这种文化有助于消除矛盾冲突，也有着统筹协调的特点，通过在管理的活动中对资源进行适当的合理配置，利用各种文化共同的价值观并促使其相互理解得到最佳配合，由此构建和谐的管理关系，改善和提升企业的生产经营效率。

4. 约束功能

企业管理中必须注意的基本要素之一就是建立健全企业各项管理的规章制度，以便规范员工在其生产、经营活动中的言谈举止。文化已经造就了共同的社会价值概念，并且通过建立起完善的管理体系制度和道德准则来加以实现，对于管理理念和方法也有着指导性的统一和推动作用。虽然管理模式下的各类行为都具备一定的强迫性和规范性，但是通过外力进行管理而产生的效果最佳，从长远角度来看，通过精神、价值观和文化传统等无形的因素能有效地约束、限制人们的行为。

3.2　中西方企业管理文化的本质

随着我国国民经济的快速发展，人类社会生产和公共服务经济活动应用领域的范围不断扩大，管理过程中的各项活动也越来越多地趋于复杂和趋向多样化。管理文化在更大维度上受到了影响和制约，实际管理活动中的诸种基本要素被赋予了更多的文化价值，这种价值来自文化在社会环境中的生成与发展，而且它具有的支持性力量正是企业管理文化的本质。不管是中国传统企业文化的脉络，还是西方企业管理科学发展的历史和经纬，管理文化都有着各自的本质特征。

3.2.1　中国企业管理文化的本质

中国企业管理文化的核心就是一种“和合”精神。所谓“和合”，就是泛指对于自然、社会、人际、心灵、文明中诸多的元素、要件之间相互产生冲突、融合的过程，在这种冲突、融合的过程中各个元素、要件的优良成分与本土文化之间组合为一种新的结构模型、新的事物的总和。中国历经五千年历史风雨，群体观的思想已经深入人心，群体的和谐状态是一种具有社会共性的心理倾向，是对“和合”精神由此演变成中国企业管理文化实践本质的最优解读，因而“和合”精神成为中国企业管理文化的精髓所在，能够用生活中的有机体来完美地呈现。

1. 提升工作效率

营造创业团队文化，对于提高工作效率至关重要。创业团队文化是一种精神动力，能够激发团队成员的积极性和创造力，促进团队合作，提高工作效率。首先，创业团队文化强调的是创新和自主 性。在团队中，成员们被鼓励发挥自己的创造力和想象力，提出新的想法和解决方案。这种自主性和创新性的文化氛围能够激发团队成员的潜力，让他们更加积极主动地投入到工作中，从而提高工作效率。其次，创业团队文化强调的是合作和共享。团队成员之间相互支持、合作，共同解决问题和克服困难。这种合作和共享的精神能够增强团队的凝聚力和向心力，促进团队成员之间的交流和互动，减少工作中的沟通成本，提高工作效率。最后，创业团队文化强调的是成长和发展。团队成员在工作中不断学习和成长，提高自己的技能和能力。这种成长和发展的文化氛围能够激发团队成员的自我驱动力，让他们更加有动力地投入到工作中，从而提高工作效率。

2. 有利于营造良好的企业文化

营造企业团队文化是塑造企业文化的重要途径。在当今竞争激烈的市场环境中，企业文化已成为企业核心竞争力的重要组成部分。企业团队文化作为企业文化的重要组成部分,对于塑造独特的企业文化具有至关重要的作用。

（1）培养团队精神

企业团队文化强调的是团队精神的培养。通过在日常工作中培养团队成员间的协作精神，可以提高整个团队的执行力和工作效率。当团队成员意识到他们是一个整体，需要相互依赖、共同进退时，他们会更加积极地参与到团队工作中，为企业的共同目标而努力。

（2）提高员工归属感

优秀的企业团队文化能够使员工产生强烈的归属感。当员工感受到自己是企业大家庭的一员，他们会更愿意投入到工作中，发挥自己的潜力。通过举办各种团队活动、关爱员工福利等方式，企业可以增强员工对企业的认同感和归属感，从而提升员工的工作积极性和效率。

（3）增强企业凝聚力

良好的企业团队文化能够将各个部门、各个员工紧密地联系在一起，形成强大的凝聚力。在这样的文化氛围中，员工们会意识到他们的共同目标，从而更愿意携手合作，克服困难。企业的凝聚力越强，其应对市场变化和竞争压力的能力就越强。

（4）激发创新精神

开放、包容的企业团队文化能够激发员工的创新精神。在这样的环境中，员工们敢于尝试、敢于犯错，不断寻求更好的解决方案。通过鼓励员工提出新的想法和建议，企业可以不断推动产品和服务的创新，从而在市场竞争中保持领先地位。

（5）提升企业形象

积极向上的企业团队文化能够提升企业的整体形象。企业的形象不仅来自其产品和服务，更来自其员工的面貌和团队的精神。当外界看到企业员工充满活力、团结协作时，会对该企业产生良好的印象，从而有助于提升企业的市场地位和声誉。

3. 明确团队使命、目标和策略

共同价值观和理念：当团队成员共享相同的价值观和理念时，他们更容易对团队的使命、目标和策略形成共识。这样的共识可以增强团队成员之间的信任和合作，使他们更加明确地了解团队的方向和期望。

明确的沟通渠道：良好的团队文化鼓励开放、透明的沟通。在这样的环境下，团队成员可以自由地表达自己的观点和建议，这有助于明确团队的使命、目标和策略，并确保它们真正反映团队的需求和期望。

团队发展与成长：随着团队的发展和成长，团队文化也会逐渐形成和明确。团队成员在共同工作的过程中会逐渐明确团队的使命、目标和策略，这有助于他们在实践中更好地理解和执行这些内容。

反馈与调整：在团队文化的影响下，团队成员会更加愿意提供关于团队使命、目标和策略的反馈和建议。这种反馈机制有助于团队不断调整和完善其使命、目标和策略，使其更加符合团队的实际需求和外部环境的变化。

团队领导的角色：团队领导者在营造团队文化的过程中起着关键作用。他们通过自身的行为和态度，以及明确的指导和反馈，帮助团队成员明确和理解团队的使命、目标和策略。

4. 树立员工认可和支持的价值观

在创业过程中，团队文化对于塑造员工的价值观和行为模式具有深远的影响。一个积极向上的团队文化可以树立员工认可和支持的价值观，增强团队的凝聚力和执行力，进而提升企业的整体竞争力。首先，创业团队文化可以帮助员工明确并认同企业的价值观。通过在日常工作中传播企业的核心价值观，团队成员能够更好地理解企业的使命和愿景，从而树立与企业相一致的价值观。这种价值观的认同能够激发员工的归属感和忠诚度，使他们更加积极地投入到工作中，为企业的发展贡献自己的力量。其次，创业团队文化可以培养员工的团队精神。在团队文化的影响下，员工们会意识到彼此之间的紧密联系和共同目标，从而更愿意相互协作、共同进步。

这种团队精神不仅能够提高工作效率，还可以帮助企业在面临困难和挑战时共同应对，增强企业的抗风险能力。

创业团队文化可以鼓励员工创新和进取。在这样的文化氛围中，员工们敢于尝试、勇于突破，不断寻求更好的解决方案。企业可以通过建立创新激励机制，鼓励员工发挥自己的创造力和想象力，为企业的成长和发展贡献智慧和力量。同时，创业团队文化应当注重员工的成长和发展。通过提供培训和学习机会，企业可以帮助员工不断提升自己的技能和能力，实现个人职业价值的最大化。这种关注员工成长的团队文化能够激发员工的积极性和自我驱动力，使他们更加愿意为企业的发展而努力奋斗。

创业团队文化应当强调诚信、责任和担当。在团队中树立这些价值观可以帮助员工明确自己的行为准则和工作态度。通过践行这些价值观，企业可以赢得客户的信任、合作伙伴的尊重和社会的好评，为企业的长期发展奠定坚实的基础。

5. 树立员工认可和支持的价值观

创业团队文化的营造对于团队的发展是非常重要的，因为它可以增强团队的凝聚力和向心力，从而促进团队成员之间的协作和配合。一个良好的团队文化可以帮助团队成员更好地理解团队的目标和价值观，从而更好地实现团队的目标。制度化是巩固团队文化的重要手段之一。通过制定明确的规章制度和行为准则，可以确保团队成员的行为符合团队文化和价值观。这样不仅可以提高团队的效率和工作质量，还可以增强团队成员对团队的认同感和归属感。此外，团队文化也需要不断地巩固和更新。随着团队的发展和变化，团队文化也需要不断地完善和调整。只有不断地加强团队文化的建设，才能确保团队始终保持凝聚力和向心力，从而更好地应对各种挑战和机遇。

综上所述，营造创业团队文化并制度化，以及巩固团队文化对于一个团队的长期发展和成功至关重要。

3.2.2 西方企业管理文化的本质

西方企业管理文化中的企业管理核心价值观本质上就是一种科学精神。科学与文化一样也是个宽泛的术语，这里所指的科学，是一种泛指在理性的认识指导下，用实践与逻辑等方法和手段，不以人的主观意志为目标和价值观的正确选择，作为一种认识转移，实事求是地探索了人类自然界的各种原本客观面貌，从中可以得出一些具有科学规律性的研究结果，并形成系统的知识。

西方文化的动态性和发散性促使其本身具备开拓自然、征服自然的精神，相比中国文化更加注重对于客观世界的改造和创新，通过资料研究和实验、实践来验证假设的正确性，因而将其认定为一种科学的精神。所谓科学精神，其核心在于个体在现实生活中对于世界的探索，通过实践的方法来验证自身提出的假设，它具有科学观念、意识和态度。西方文化传统中理性思想的发展经历与自然哲学传统堪称近代现代科研精神形成的一个温床。

1. 科学精神的基本内容

西方管理文化起源于“两希文明”,在中国工业生产阶段得到迅速发展，现代西方管理文化更加丰富。西方管理文化的形成和发展与技术发展息息相关，通过人类自然科学和价值观的融合，使得西方企业管理文化的科学精神成为其重要组成部分。科学精神作为现代企业管理文化的核心，要求人们通过理性、客观的标准去划分管理的实践制度。由此才能寻找一个新的认知并发现管理中的根本性问题及其发展的规律。科学精神下的西方企业管理文化可以客观、辩证地看待企业管理的实践，并且能够以实证作为理论依据进行分析。科学精神具体在管理中表现为以下几点。

（1）探索精神

管理作为一种人、社会、自然三者之间共同拥有的功能，更多是代表着一种无限的可能性和复杂性。管理工作作为研究对象并不是一个静态的工作，对其进行研究则是一个动态的过程，探索精神作为实现科学精神实践的基础，通过不断地探索可以发展出新的知识，探索出新的未知。因而，探索精神的培养在企业管理中亦是十分重要。

（2）创新精神

科学最重要的任务和使命是进行创新，通过不断地打破现有思维障碍和困囿，来改变当前的模式。创新不只是一种发明和创造，也是一种概念，突破了已经形成的戒律或对现实的阻滞，从而完成了事物向正方位螺旋转移和发展。在遵循客观事实发展规律的基础上，创新就是在自己的基础上特立独行地标新立异。在企业经营中创新劳动工具，变革经营管理体系，倡导企业创新经营管理的方法。而科学精神的本质和内涵则是对于创新的坚持，科学技术领域里的每一项突破和发现都离不开创新，技术之所以可以不断发展，充满生机与活力，就在于能够不断地更新自身观念，大胆地进行改革与创新。

（3）理性精神

理性精神要求具备客观属性和逻辑属性，由已知至未知的事物具有的逻辑属性来保证其思维的正确发展方向。从具体的实证角度来看，理性精神的特殊性促使其总结出一套理论——从普遍性的角度演绎了特别的结论。在现代化的管理中尤其需要使用科学而又理性的逻辑分析判断，对管理中的局部个体进行观察推导到普遍，然后从普通的回归到局部个体的运行和应用，但是整个管理过程的产生往往都脱离不了个体或他人的主观存在。

（4）质疑精神

质疑精神的本质在于批判，由于对现存事物的认知不足而在科学严谨的思想基础上进行质疑和挑战。质疑精神强调假设，保障科学的合理性和应用范围。质疑精神也是一个不断否定自我和他人的过程，绝不屈服于权威。在现代企业管理中，任何具象存在的事物和人都可以在质疑精神的引导下进行有针对性的质疑，质疑不是完全否定，从另一种角度来说是对企业现状的一种提升。管理制度体系则是由从实践发展到理论，再推动到实际应用，如果一个企业管理的理论已经被证伪，就只能通过创新一个崭立的理论来指导整个实践，使其循环往复地上升。西方企业管理文化中的科学精神伴随着我国工业经济的大生产模式而改变，促使西方企业和社会主义走向蓬勃发展，同时也诞生了不同的管理理论类型和流派。西方经济和管理文化的科学精神已经在不同的管理理论流派中充分地展现，表明了西方经济和管理理论的科学化和发展趋势。

2. 现代管理理论学派中的科学精神

在我国市场经济和社会发展的推动下，管理科学理论得到了蓬勃发展，在西方各种现代管理理论中诞生了许多流派，西方则已经进入“管理丛林”的新时代。管理过程学派的代表性人物主要有亨利·法约尔（Henri Fayol）、穆尼（Mooney）、哈罗德·孔茨（Harold Koontz）和纽曼（Newsmy）等。从总体上看，管理过程学派主要是通过计算机规划的方式来有效地激励，从而达到协调合理的资源，实现高效的决策，完成自己既定的目标。

纽曼提出，管理就是让一个群体为了向着某个目的而努力追求自己的目标做出的指示、领袖和控制，此时的人已被视为管理的重要组成部分。

现代美国社会学家巴纳德（Banerd）等人认为，组织必须是由两个以上的且具有意识、能够直接协调其实际活动和发挥效力的组织体系所共同组成的，并且能直接促使里面的每一个人在相互作用下自己独立完成此前不能完成的事。系统管理理论学派的主要思想代表者人物包括约翰逊（Johnson）、卡斯特（Castel）等，系统管理经济学派将整个企业内的组织管理视为一个组织系统，把内部及影响外部环境的各种因素综合视为一体，认为其是一个有机的组织整体，认为整个企业内的组织系统管理的本质就是用一个非常系统化的管理观念体系来有效地规划组织和合理化地协调各种因素，从而使得整个企业内的组织管理能够得到更好的发展运转。在当代中国企业目标管理中，对于企业目标绩效管理理论有着广泛的理论推动力和作用，并且在许多现代中国企业目标管理的理论实践中被普遍地应用。目标行动管理将组织目标行动作为各项组织管理业务活动的重要行动目标导向，“该指南”意即通过运用目标行动激励法来调动一个组织高层成员的行动积极性、创造力，并用行动目标的有效完成率和程度提高来准确评价一个组织高层成员的整体职业生涯、业绩及其突出贡献。现代企业管理的理论都具备独具特色的文化风格，但是企业的成功管理还是离不开科学精神管理的前提，通过逻辑合理的方法对各类理论和事物进行论证、实践和批判。虽然现阶段我国企业管理依旧面临着很多挑战，但是我们依旧要学习西方企业管理文化中的先进理论和技术方法。

通过对这些管理文化中的科学精神及其本质特征的研究和梳理，可以发现西方管理文化的宗旨在于追求工作效率的提升与利润最大化。所以无论是泰勒的科学管理思想还是社会行为主义学派的复杂个体理论，其发展和实践基础都是在科学精神的前提下，通过达到和实践自身目标与科学技术方法从而实现最高效率。有关企业管理文化核心与本质问题的讨论，最终目的就是在于帮助管理者更加清晰地认识不同管理文化之间存在的差异和不同，通过对这些差异进行分析、研究和总结，帮助管理者从本质上准确把握企业管理文化的核心和特征，最终引导其在后续指导企业管理过程中实现自身目标。

第4章

大学生创业教育研究

4.1 创业意识综述

4.1.1 什么是创业意识

意识和事物何为第一位的问题存在已久。辩证唯物主义者认为，作为人类脑部的产出和属性，意识也是人脑作为客观存在的主观映象。主观映象是在客观事实基础上的主观反映，因此也具备直觉、表象等感性形式，还具备推理和概念的理性形式。人的社会性使得人类意识活动也具备社会性，意识作为人类和自然长期发展的必然结果，意识力的产生必然是社会经济发展到一定程度的必然产物。辩证唯物主义明确了物质对意识的直接影响和作用，肯定了意识对于物体而言必然具有能动的改变作用。在我国的实践教育活动中，它使得人们从基于感性的认识经验中，通过抽象来认识事物的本质和法则。由此形成对于理性的主观认识，使得人们能够有明确的计划、明确的目标去探索改造自身的意识和客观世界。

对于个人而言，有意识的心理行为比无意识的心理行为更重要。对于没有丰富科学知识和工作经验的年轻人，通过合理的教育方法和丰富的科学技术，可以将无意识的心理需求转变成有意识的心理需求。我国在校大学生自主创业基本操作理念和自主创业基本意识，也是把无意识的基本需求转变成有意识的基本需求，最终产生自主创业的基本过程，也就是说，只有具备了自主创业的基本意识，才有机会把对创业者的基本追求转变成自主创业的基本动机。而思想观念、意识形态对这些因素有着重大的影响和促进作用。

4.1.2　创业意识的内涵

创业意识是指人们从事创业活动的强大内驱动力，是创业活动中起动力作用的个性因素，是创业者素质系统中的第一个子系统即驱动系统。创业者一般为个人或小规模团体，创业的关键在于挖掘和把握市场商业发展机会。创业者作为资源配置方，需要创新社会经济单元，而创业价值实现的关键还在于将企业所提供的产品和服务在市场中有效转化为成熟的产品组合。创业作为一个创造过程，本身就应该具备创新性，创业的基本目的在于增加财富，而财富不仅仅指个人和社会的经济资产，还包括相应的精神财富。

4.1.3　创业意识的重要性

创业意识泛指企业在创造性活动中具有非常关键和隐性影响的因素。只有基于自身条件产生了强烈的创业需要，并力求达到创业成效、取得创业成就，将其培养成兴趣，并作为一种人生职业理想，才有可能从源头上为创业意识的形成以及创业成功筑牢基础。同时，只有具备良好的创业商机和市场创新创业意识、较强的企业市场经济转化意识、战略布局意识、风险意识、踏实敬业的服务意识，才有可能真正把握住创业机会从而取得创业成就。相反，若没有良好的创业意识，再好的环境、机会摆在面前，都不会产生创业的想法，更不可能将其作为人生的职业理想，从而坚持并取得创业成就。

创业意识对于提高创业素质和创业能力也有非常重要的影响，它起到了基础和动力性作用。良好的创业意识有利于创业素质的挖掘和创业能力的提高。创业意识的产生和创业活动的发展对个人、国家和社会的发展都有正向的影响作用。随着我国经济体制的不断深入发展，知识经济和商品经济时代的来临，传统意义上的“铁饭碗”工作已经不适用于时代发展潮流，市场人才需求在不断变化，居民日常工作与生活的危机感和压力越来越大，自主创业不仅可以帮助创业者解决自身工作问题，缓解日常生活在精神和物质上的压力，还可以帮助社会创造更多的就业机会，帮助社会和他人缓解人才市场就业压力。缓解就业压力对于现阶段的社会稳定、家庭和谐都有着至关重要的影响，也是保证社会稳定与长远发展的重要因素之一。目前，创业已经成为商业市场中独具特色的发展方式。而充满活力、拥有理想抱负、具有高素质的大学生也在这股新兴创业浪潮中崭露头角，他们要想提高创业的成功率就得从培养创业意识开始。

创业意识集中表现出了创业人员综合能力的社会属性，支配着企业家对于创业活动的各种态度与行为，是企业家综合能力的重要构成部分。为此，一定坚持要不断加强在校大学生的社会自主创新创业服务意识，同时做好大学生自主创新创业的各种精神与物资储备，帮助他们开拓进取，有所作为。

4.2 创业者的基本素质

自主创业虽然并无太多特殊要求，创业者也不是特殊人群，但成功的创业者不仅要具有一般人的基本素质，还要具备独特的责任意识、诚实守信的品质、廉洁自律的品格、平等待人的态度及创业素质和开拓创新的精神。这些独特的创新性素质主要可以归纳为以下七个方面。

4.2.1 身体素质

创业者的身体素质是指创业者应身体健康、体力充沛、精力旺盛、思路敏捷。良好的身体素质是成功创业的前提，旺盛的精力是成功创业的基础。首先，创业者在创业初期不免会面临资金短缺、企业管理制度不完善等情况，很多突发情况都需要创业者亲自解决；其次，创业者在创业过程中需要不断地提升企业经营管理能力和水平，这样才能保证企业在激烈的市场竞争中长远、平稳地成长；再次，相比其他职业和职位，创业者无论是工作时间和工作强度都远超一般工作者；最后，他们还要面临巨大的企业经营风险，压力与普通工作者不可同日而语。这些影响因素都要求创业者具备充足的体力和精力，如果没有健康的身体，创业者在创业道路上就会出现有心无力、难以承受创业者工作繁忙、工作时间长、工作压力大的重任。

4.2.2 道德素质

作为一个创业者，首先应该立德。道德是理想之光，成功的创业者必定是一个道德高尚的人，有强烈的责任意识，会在创业的过程中造福一方，惠及他人，诚实守信，言出必行。在创业的过程中，创业者要做到两点：第一，适度控制私心小利。从个体角度讲，如果创业者过于看重自己的利益得失，不注重维护创业团队成员或企业员工的利益，那么创业者将失去支持者。从企业的角度讲，如果创业者过于关注企业局部、短期的利益，企业则很难做大、做强、做久。第二，要做到成功不骄傲、失意不失志。一个成功的创业者在创业顺利时要能够居安思危，在创业失利时要能够保持斗志，才能使企业转危为安。

4.2.3 心理素质

我国企业的成败在很大程度上取决于创新型企业家们的坚定心智和优

良品质。创业者们在参与创业投资活动的过程中难免遭受心理挫折和失败的压力，这就要求创业者们具有良好的创业心理和自我调控情绪的能力，并且维护积极、沉稳、自信、自主、刚强、坚韧及果断的创业精神和工作心态，即应该拥有健康的创业活动意识和心理平衡品格。只有创业者真正拥有了处变不惊的心态和良好的心理素质，才能在走向创业成功彼岸的道路上顺利前行。

4.2.4 思想素质

企业是一步一步做大做强的，这要求创业者必须具备特殊的思想素质，首先，既要志存高远，又要脚踏实地。创业者既要为自己的企业发展做一个全局的、长远性的战略计划，又需要按照市场规律进行自我管理以及精细化管理。其次，创业者面对复杂的市场环境，除了要有远大志向和企业管理能力，还要了解市场运行机制，面对市场商业机遇和各类市场风险时要做到胆大心细、有勇有谋，企业每个阶段的成长和发展都不是靠运气，而是基于对市场各类风险深入了解后的理性投资。同时，创业集融资与投入等多种手段于一体，具有一定的风险性，这又严格要求创业者具备一定的风险意识和对于防范投入等风险的抗压能力。

4.2.5 知识素质

创业者的知识素质对于创业企业的发展起着举足轻重的作用，所以创业者需要具有开拓性的思维。创业者想要作出正确的决策，就必须要掌握渊博的知识，并且具备一专多能的知识框架。具体来说，创业者应该具有以下几个方面的基本知识：第一，正确认识与理解党和国家的政策法规，唯有这样才能够利用好相关的创业政策，依法行事，用法律法规保障与维护自身的安全和合法权益；第二，充分了解企业科学的生产运营管理知识和方法，提高其管理水平；第三，充分掌握与本地区行业密切相关的生产工程技术知识，并依靠生产工程技术的发展而增强其竞争力；第四，具备社会主义市场经济各个领域的基础知识，例如财务会计、市场营销、国际贸易、电子商务等。

4.2.6　经验素质

经验素质主要是指创业者进行企业创新实践的成功经验的积累。经验不仅是帮助创业者提升企业实际管理能力的重要中介，也是不断提高创业者管理能力的重要催化剂。缺少创业经验，是创业者尤其是大学生创业者将面临的重要问题。创业需要创业者具备很强的综合能力，一些创业者即使有着优秀的创业构想，但由于缺乏创业经验，不是项目很难得到市场的认可，就是很容易被别人模仿和复制。要想有效地提高自身的创新水平和成功率，创业者就应该考虑如何积累相关创新和成功经验，切实提高经验素质。

4.2.7　协调素质

创业者在创业过程中需要协调企业内部各部门、各成员之间的关系，同时，还要协调企业与外部相关组织、个人之间的关系，这种关系既包括工作关系也包括人际关系，所以要求创业者必须具备良好的协调素质。创业者的协调素质，是一种性质复杂的素质，对于企业日常运营和管理原则都要有清晰的认知，深入了解并善于运用各类组织设计方法，充分发挥手中权力的作用，有效控制企业人力、物力、财力三方面的协同合作，保证企业管理在实际应用中发挥最大的效用价值。

4.3 创业素质的提高途径

4.3.1 未雨绸缪，做好创业思想准备

创业的成功，除了天时、地利、人和等客观因素外，还要有自己的创意和不断进取的精神，充分做好创业的思想准备，凡事预则立、不预则废。大学生创业要努力弘扬创新创业精神，勇于投身社会事业，以创造性思维来实现奋斗理想和创业愿景，未雨绸缪，切实做好创业的心理准备；否则，在全力开创事业的时候，很容易会被现实生活中的困难所阻碍。所以大学生应该在在校期间，加强自身的创业意愿，有意识地培养创业品质。作为大学生创业者，需要将创业的理想与实际的职业生涯目标有机融合，不怕困难和挫折，严于律己，顺利完成自己的人生学业；学校应积极组织学生参加各类社会实践活动，在项目开始前确定活动目标、制订活动计划、选择活动办法，在项目开始后认真组织实施，切实锻炼学生的意志和精神品质；学生自己也应不断加强自身意志和素质锻炼，注意自我训练和不断提升自我心理认知、自我心理监护、自我心理评估和独立应对挫折的心理能力；学校还应积极组织学生进行各项体育运动技能训练，在锻炼身体的过程中磨砺学生坚强的意志。

4.3.2 不断积累，提高创业素质水平

所有的成功者都有一个共同的特点——富有学识。创业之难，有目共睹；创业成功，难上加难。大学生要想取得创业成功，不仅要做好思想准备，还要有一定的知识积累，自觉培养商业意识，潜心钻研相关商业知识。在日常创业实践过程中观察市场运行规律，研究分析事物本质，

从而探寻科学的处理办法。除此之外,还需要创业者提升信息处理的能力。不同于以往商业市场的运行，现代社会获得信息的渠道很多，创业者要有能力分辨信息的有效性，善于收集信息并将收集到的信息发挥最大效用，根据市场运行规则，主动寻求商业合作，甚至于创造市场需求，从而激发企业发展活力，纵深挖掘智慧潜能，自觉形成立足现在、着眼未来的战略思想。因此大学生创业者在创业过程中，除了需要管理和提升自身创业才能，还需要弥补自身短板，全方位打好基础，通过理论学习来增长知识水平，通过创业实践来增强职业技能水平，通过市场竞争来保证创业者的危机感,从而确保创业能力的全面提升,努力做到寓学于行,知行合一。

4.3.3　坚持不懈，科学调整创业心态

人生难得几回搏。创业之路充满荆棘，成功和失败并存，大学生创业者要有面临创业顺境时的忧患意识，更要有面临创业逆境时的抗压能力。大学生创业者的创业过程一般都会经历三个阶段。首先是不满足现阶段的生活、物质、学习状态，从而产生并建立创业目标和计划，接下来便会根据创业机会来组织创业团队，进而为企业未来发展目标而努力；其次就是首次创业尝试，在遭遇挫折后再尝试，并最终获得阶段性胜利；最后便是吸取创业过程中各类失败经验，从而使企业获得阶段性飞跃发展并最终走向成功。随着创业历程的不断发展与变化，创业者的心路历程也会产生相应的变化，从最初的特长优势和兴趣发展到创业热情与创业目标，从团队的热情工作和梦想前景到自信心与热情遭受反复打击及摧毁，最终对实践方法和目标进行调整与再认知，从而获得新的满足和工作乐趣。为此，大学生创业者要坚信“天生我材必有用”,增强创业自信心。拿破仑·希尔在《拿

破仑·希尔致富黄金法则》一书中把积极的心态称作黄金定律——积极的心态，会带来积极的结果。在创业实践中要科学调整心态，增强面对企业逆境时的思维反应能力和抗挫抗压的能力。正所谓“长风破浪会有时，直挂云帆济沧海”。

4.4 大学生创业意识

4.4.1 大学生创业意识的主要内容

大学生的创业意识不仅是个人内心对创业利益的追求，也是大学生创业必需的思想准备和精神。创业过程中会面对诸多的困难、挑战与挫折，因此大学生创业首先需要有自主创业意识的驱使，还需要有对财富的需求和冲动。因此从某个角度来看，创业意识和企业家创业精神的驱动动力是一致的。而高等学校创业教育的目标之一便是培养学生的创业意识。创业教育并不是鼓励所有在校大学生都去创业，而是通过培养学生的创业意识，让学生了解并认同创业教育的价值和内涵，从而对创业有科学合理的正向反馈，并以这种态度来规范和调整自己的行为活动，从而形成个人的素质结构。通过创业教育的培养，可以使学生更快地了解和掌握有关创业的专业知识与技能，并具备基本的创业能力，这就能够有效调动学生的创业意识和创业激情。创业意识可以通过兴趣、理想、信念、价值观以及动机等多个方面来体现，因此在实际的创业教育中，教师可以从这些方面来培养学生的创业意识，注重对大学生创业兴趣的培养。

影响大学生创业意识的因素有哪些呢？可以从创业历程示意图（见图4.1）结合创业意识教练模型（ACE 模型，见图 4.2），进一步分析影响大学生创业意识的因素。

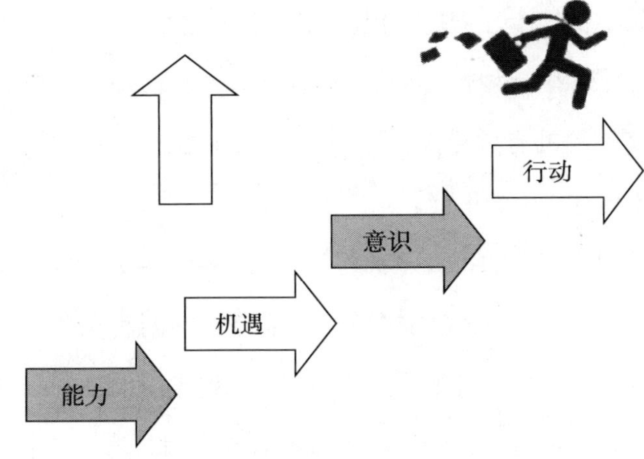

图4.1　创业历程示意

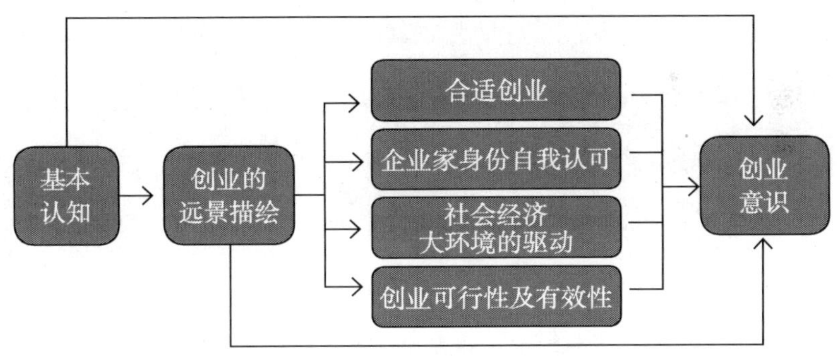

图4.2　创业意识教练模型（ACE模型）

从创业历程示意图和创业意识教练模型中可以清楚地看出，创业者的创业意识除了受到社会、经济、政治、文化的影响以及机遇等大环境的影响，还有个人具体创业历史、个性、能力等诸多因素的影响。由此也可以得出大学生创业意识的四项主要内容。

1．创业需要

所谓创业需要，是指创业者由于对现阶段自身各类物质、精神和生活条件的不满足，而产生的更高水平的愿望和要求，这也是创业实践活动得以开展的动力和诱因。新时代的大学生对于自由的渴求无比强烈，而创业恰恰能够满足学生的个性需要。但仅有了创业的需要，不一定会将其转化成创业的行为，而对于大学生来说，创业教育本身就是一种把空想的需要，转化成为现实行动的有效推动力，只有把创业的需要提高为创业的动机，创业的行为才具有发生的可能。

通常被称为成功者的，大多都曾经历过经营无路的困境。大学生创业这条新的道路上总是充满了艰难困苦，只有坚强的创业勇气与坚忍的毅力，坚持不懈的努力与百折不挠的奋斗精神，才能够在困难面前不畏艰险，不断追求自己的创业理想，这些成功者或许就是新时代每一个有创业理想的当代大学生应当学习的榜样。

企业创业的过程就是指创业者对其所拥有的或通过努力可以拥有的资源进行优化和整合，从而为企业创造更大经济收益或者社会价值的过程。创业活动是一种劳动手段，是一种需要创业者运营、组织，运用服务、技术、器物作业的思考、推理和判断。杰弗里·蒂蒙斯（Jeffry A. Timmons）曾在其所著的创业与教育学研究领域经典课程教科书《创业学》（*New Venture Creation*）中明确定义：创业是一种思考、推理和行为方式，它为机会所驱动，需要在方法上全盘考虑并拥有和谐的领导能力。他提出创业的关键要素包括创业机会、创业团队和创业资源。

2. 创业动机

所谓创业动机，是指创业者愿意冒各种风险去创立新企业的激励因素，或者说是从一开始推动大学生进行创业实践活动的内在因素。创业动机不仅仅是大学毕业生在参与社会实践后实现和提升个人价值与能力的动力，也是创业者努力奋发追求事业成就的重要途径，只有具备创业动机并掌握创业相关知识技能和能力，才能有机会实施创业行为，并最终获得成功。

西方经济学家普遍认为，必要性就是为了适应和满足自然界的基本生存法则，需求性是个人的各种行为发展的主要动力来源和精神资本，是个人对于社会生活中的各类事物所做出的需求在其大脑里的反映，是能够促成各种不同行为发展动机的愿景。对实现个人价值及追求的欲望，使大学生产生了创业动机，即大学生创业的动机就是满足和实现其利益的需要。

亚伯拉罕·马斯洛（Abraham H. Maslow）动机学说认为，人类的行为、行为动机的形成及发展与自身需求之间有着紧密的关系。例如，马斯洛需求层次理论把人类的需求分成生理需求（Physiological needs）、安全需求（Safety needs）、爱和归属感需求（Love and belonging needs）、尊重需求（Esteem needs）和自我实现需求（Self-actualization needs）五类，依次由较低层次到较高层次排列。如图 4.3 所示。

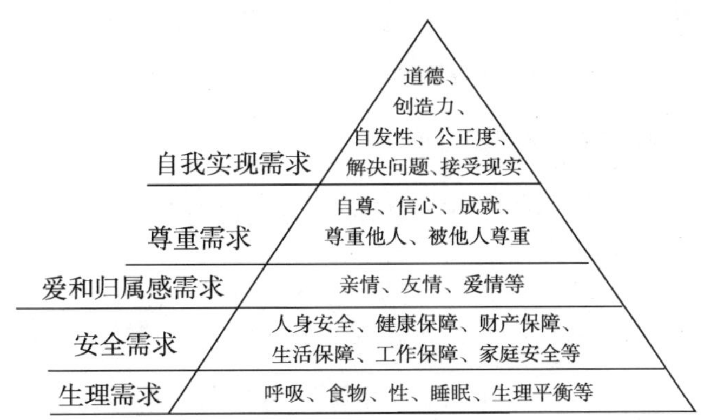

图4.3 马斯洛需求层次示意

需求与需要不同，需求比需要的层次更高、内涵更广。

第一层级是生理需求，即呼吸、食物、性、睡眠、生理平衡等。如果这些需求中的任何一项得不到满足，人类个人的生理机能就无法正常运转。

换言之，人类的生命就会因此受到威胁。从这个意义上说，生理需求是推动人们行动最首要的动力。

第二层级是安全需求，即日常工作和生活中的稳定。工作和生活的稳定是人类对于潜藏风险因素的控制需求和对未来生活的保障。安全需求高于生理需求，当生理需求得到满足后首先想到的便是安全需求。一般的居民都会存在安全的需求。

第三层级是爱和归属感需求。人作为单独的个体希望得到来自家庭、朋友、同事和爱人的关怀与理解，这是对于亲情、友情、爱情的需求。相较于安全需求，爱和归属感需求更加细腻，偏于感性，也更加难以捉摸。

第四层级是尊重需求。这里的"尊重"有三层意义，分别为来自自身的尊重、对于自身的评价以及对他人的尊重。满足自我尊重需要在自信、个人价值和个人能力等各方面有所体现，相对应的自卑感等消极感觉则会影响这些需求的产生。基于这种心理需求的驱动，个体更愿意专注于自身的学习和工作，希望在日常生活中获得他人的重视、关注和尊重，通过自我表现和炫耀，希望获得自身发展的大好机遇。一般这种尊重需求很难从社会环境中得到满足，即使只满足基础性需求也能对社会产生推动的积极作用。一旦这种需求变成个人发展最重要的推动力，则会对世界产生更加庞大、更加深远的影响。

第五层级即最高层次便是自我实现需求。其主要特征是通过对个人潜力的充分研究和发掘，快速、有效地实现自我发展的最终目标。这也是人的精神动力，最明显的表现就是对于某项事业的热情和奉献。最高层次的自我实现需求具有超越自我的特征，具有很高的社会价值，而健全社会的职能在于促进普遍的自我实现。

每个人的内心都有这五层需求，所处人生阶段的不同，需求的层次也不尽相同，人类在当下阶段最为迫切的需求才是推动人类进行创业的动力和原因，通过外部的刺激和满足逐渐转化为内在的满足。

3. 创业兴趣

创业兴趣，泛指创业者在参与各种创新创业实践活动时的心理状况及态度所具有的一种认知与价值指向。兴趣是创业的最大动力，创业者一旦开始产生对创业的好奇心和浓厚兴趣，就等于对自己的创业活动产生关注，进而产生对创业的热爱与追求，并由此踏上创业的实践之路。由此可见，兴趣的培养是引导创业者在未来恰当的时机进行选择时最重要的依据。培养兴趣能够有效提高创业者的工作效率，充分调动创业者的才干，帮助他们最终获得创业成功。由此，应当更深层次地激发大学生，对于创业的兴趣、责任感和面对困难时的坚定意志，是培养创业意识最为必要的先决条件，可以直接深化创业意识。

目前我国大学生往往按部就班地走升学就业之路，忽视了寻找自身的兴趣所在，也很少思考事物的真正价值。有人为了上名牌大学选择完全不喜欢的专业；有人忙于大学毕业而忘记了最初的学习目标；也有人为了尽快就业或者出国深造，而选择毫无兴趣的行业，因此，当他们面对创业时会感到毫无头绪。每个人的个性、能力、才华、理想、兴趣是不同的，大家选择相同的路径却不一定能够达到自己的目标。无论是创业还是到既有岗位工作，选择喜欢的事物作为工作起点是很重要的。例如现在大学专业中多了一门“电竞专业”，不了解的人只会一头雾水认为打游戏还需要去上学吗？其实是很多人对于“电竞”仅仅停留在网上玩游戏、消磨时光这个层面而已。当年轻人愿意主动学习的时候，兴趣是最有力的判断因素，有人年纪轻轻已经通过“电竞”赚到了人生第一桶金。由此可以看出，兴趣的实践就是创业的实践。社会和高校不妨在一定条件下，鼓励大学生通过兴趣来慢慢开发其中的经济价值，从而将其变现。

4. 创业理想

创业理想是指大学生对于所在行业中的创新实践活动而进行奋斗的追求目标。创业理想是属于个人人生观中社会发展理想的组成部分，它包括职业理想与事业理想两个维度。政治理想与道德理念对于创业理想发挥着方向性和指引作用，而企业创新理念就是企业的创新意识。

4.4.2 大学生创业意识的培养途径

培养创业意识要在日常生活中随时进行自我观察，要“认识自己”，认清自身的需要、兴趣、理想，分析做事的动机并养成知行统一的习惯，勇于实践。大学生创新意识的培养需要在深入了解市场的基础上进行，通过对市场环境和运行规律的研究，从而对市场未来发展方向做出基本判断；要对已经实施的行为进行反思，逐渐培养举一反三的思维习惯，把已学的知识和已有的关系转化为创业需要的各种资本；要思考怎样进入市场，选择何种产品，怎样整合资源，制定适合创业的战略方法；要预测各种可能遇到的风险，并做好应对之策；要养成务实、勤劳的习惯，踏踏实实地积累经验，逐步迈向更大的成功。

1. 激发创业理想

创业理想是创业者在做出创业决定之后，所追求的创业目标。创业一般是不会一帆风顺的，从“不知情的乐观”到“知情的悲观”再到“价值观的颠覆”最后再到“知情的乐观”。“价值观的颠覆”往往是创业者最难坚持的时候。取得一些成绩、遇到了无法想象的困难、很难保持创业初期的兴奋状态，这时都需要一定的精神支柱才能保证持续的激情和行动。没有精神支柱的时候要想办法帮助自己找回精神支柱。鼓励和支持、信心和决心是找回精神支柱最好的方法。

创业理想作为创业者的奋斗目标、价值观念的具体体现，是创业者对于创业最深层次的态度。创业理想是创业精神的核心，可以帮助大学生更深刻地了解人生奋斗目标和人生价值。学校可以引导其多看一些创业成功人士的创业史和励志故事，多参加一些励志的活动，或者通过设立宏大的创业理想帮助创业者勇敢地开创新事业，更好地把握市场规律。

2. 创业理想信念教育

创业理想信念教育主要是针对大学生的理想、思想准则、人生价值取向进行教育和培养。理想信念教育也是大学生创业教育的核心教育内容之一。具有中国特色社会主义的创业理想信念教育，是通过教育的方式将中国特色社会主义和大学生自身的追求相结合。大学生通过建立自身企业创新理念，将创业目标和国家民族的未来发展方向融合，可以帮助大学生通过另一种视角来反思自身定位和自身价值。对现有观念和信念的巩固或重塑遵从了现有的目标以及对于社会的责任感，通过理论教育和实践教育相结合的手段能帮助其自我认知、情绪认知和加强认知的统一，实现创业者外在自我要求的内在化，也帮助创业者寻找内心稳定的基础和需求。大学生社会责任和情感道德的增强不仅锻炼了创业大学生的意志品格，还可以帮助创业大学生从内心获得力量，进而从容面对创业道路上遇到的苦难和打击，通过思想教育对当代创业大学生树立科学的世界观、人生观和价值观，起到了积极的正向作用和引导，促使创业大学生转变人生追求和人生目标，为社会创造财富，为社会和国家贡献价值。

高等院校的思想政治教育也应囊括进创业理想信念教育的范畴。思想政治教育包含心理学、社会学和管理学等学科的相关知识，在丰富的理论基础上，形成了有效且科学的教育方法，通过榜样法、实践法等方法来帮助大学生建立创业意识和创业理想。大学生还处在完善价值观、世界观和人生观的阶段，通过思想政治教育不仅对大学生具有相当分量的教育意义，还可以帮助大学生了解自身对于社会的责任和义务，增强自身认知并提升自身使命感，培养对于生活的积极态度和自强不息的精神，并将这种态度和精神投入创业过程中，锻炼自身品格、塑造自身品质，形成自我发展、自我完善的有效途径和精神力量，帮助大学生更深入地投入创业的洪流中。

创业理想信念教育应当作为学校开展青年创业人才教育工作中必不可少的组成部分，创业教育目标的正确制定和最终实现的过程，便是走向创业理想主义的具体体现。如果没有坚定的信念、不懈的努力、良好的职业道德品质，那么成功创业不可能会实现。要将理想信念教育、思想政治教育同广大大学生的创业发展前景紧密结合，把理想信念内化为大学生不断创业发展的强大动力，在爱国主义、集体主义教育中引导学生树立科学的创业目标。

高等院校应当积极举办各种类型的实践活动，将理想信念教育融入实践活动中，通过实践活动帮助创业大学生获得理想信念。创业实践活动不仅可以为大学生未来创业提供理想的平台和环境，还可以帮助大学生深入追求自身理想信念。高等院校通过举办各类社会考察和市场调查活动，例如创业实践基地、社会主义精神文明建设中心等，增加大学生对于国家和民族的信念，帮助大学生对现阶段国情和民情进行更深入的了解。通过创业理想信念还可以有效引导大学生将创业作为人生目标，将理想信念作为人生引导，通过顽强的意志和品格克服创业过程中遇到的各类艰难险阻，最终取得创业成功。

3. 创业价值观教育

所谓创业价值观教育，是指帮助大学生根据自身需求，认知创业目标和创业方式的价值判断标准。创业大学生的创业意识和创业行为，都会受到创业价值观的影响，创业价值观教育可以有效引导并调节大学生在创业过程中对于创业目标和创业方式的调整，并影响着大学生未来的人生和事业规划。高等院校在进行创业价值观教育的过程中，应始终坚持积极、正向的原则，促使更多的大学生能够顺利地接受更加科学、正确的创业价值观。创业价值观建立的原则，首先是在满足社会和个人未来发展的同时，兼顾团队的既得利益，最重要的是满足参与创业活动中的每个人的物质和精神追求。

企业的价值观本身就是在长期进行价值活动的过程中逐渐形成的，这决定了对于价值关系的选择和取舍。当代大学生对于创业行为的认识和选择，首要的前提就是按照自己的创新价值观进行反复权衡与思考，然后做出价值判断。如果大学生们在进行创业的整个过程中，面对社会、人生能做出正确的选择，那么创业这种价值观必然起到了决定性作用。随着社会主义市场经济的进一步发展，西方资产阶级价值观的进一步融入，我国社会目前的资产价值结构体系出现了一些失调的因素。创业价值观的树立是一个大学生对其价值观做出的比较与反思。在这些因素中加强对大学生的教育与引导，有助于其克服现实社会以及自身的消极意见，将价值选择树立在更崇高的取向上。这就使得创业的内容和目标不再是满足个人财富储备积累与地位提高，而是通过创业来回报整个社会，助力社会发展扶助贫困群体。

4. 营造创业文化环境

创业文化是在创业活动的基础上形成的，是所有创业活动、活动方式和活动氛围的综合，它将主体文化素养和客观文化环境相结合，蕴藏着丰富的内涵。创业理想信念和创业价值观念的结合与实现是创业文化的最终目标，通过文化熏陶可以促进大学生的创业行动和创业实践活动。

（1）营造社会创业文化环境

创业文化是一个系统的社会文化工程，具有非常深刻的社会、经济、文化意义，它并不单单指的是文化，而是与经济直接挂钩并具有可认知性的，体现着知、情、意相统一的文化精神。

社会文化和人类发展息息相关，文化模式的变化时刻影响着人类历史进程的发展，人类在实现特定文化模式的过程中也实现了自我完善。创业文化的主要作用是对创业精神的具体化和反映，可以帮助创业企业增强创业动力，提升大学生的创业能力，促进创业活动的产生和发展。从某种程度来讲，创业文化活动的背后是创业者对文化建设产生了重要的推动作用与价值支撑。优秀的创业创新文化能够赋予创业者全新而开放的创业思维和创新心态，激发每个人的求知欲，唤起人们对未来的热切向往。大量的人才投身于创业活动，不仅可以提升创业者的人生价值，还可以全方位地提升自我。大学生创业精神的培养和良好的创业文化环境息息相关，优质的创业文化环境可以有效帮助创业大学生建立和培养创业理想信念。创业文化的创造除了对大学生群体有正向激励作用之外，还能帮助社会凝聚群众智慧和力量，为经济社会的未来发展提供源源不断的动力。积极的创业文化的实现能够鼓励创新、宽容失败、推崇合作，能引导群众通过合法的途径来追求人生理想、人生价值和人生财富，将创业这一个体行为上升到整个社会的高度。

我国大学生创业精神的产生与发展过程，都离不开我国现代社会的政治、经济和人文环境，理想、信仰、道德等中华优秀传统文化精神，对于大学生来说具有重要的教化、启发和引领作用，也是其创业精神逐渐形成的内在驱动力。

（2）营造企业创业文化环境

企业创业文化的整体建设与文化营造，需要三种经济形式和社会力量相互配合。

第一是着力建设优秀创业者的榜样模范作用。优秀创业者自身的突出贡献和成功业绩不仅获得了政府及社会公众的高度赞扬和普遍认同，而且通过大力宣传其创业先进事迹，营造弘扬创业光荣的社会舆论的良好气氛，对整个经济社会的发展有着良性的社会影响。这为促进我国大学生创业文化建设、树立大学生创业创新意识提供了良好的创业环境与发展条件，能激励更多在校大学生积极参与迎新创业的实践活动中，加快了我国创业文化的形成与升华，培育了“鼓励企业创新、宽容创业失败”的创业文化的良好气氛。

第二是继续强化企业责任。价值观念和思想体系是建设中国特色社会主义核心价值观的重要风向标，是建设和发展中国特色社会主义文化的重要依据，积极引领和有效促进我国企业文化建设与文化提升。创业者在其价值取向上以个人的利益需求为依据，以不断创造财富、开拓创新事业、实现个人的持续发展为最高奋斗目标，是中国特色社会主义核心价值观的践行者。优秀创业者的身上具有鲜明的时代性和创业精神，对于促进大学生自身发展具有很好的示范和推动作用。

第三是深入推进社会保障体制改革与结构完善。创新型企业文化的弘扬和培养不仅包含社会经济发展方面，还包括推进构建社会公众信任评价体系、健全和完善政府文化经营管理机制。要为广大人民群众创业提供良好的制度环境，这就要求国家有关部门制定和贯彻执行相关的政策，改善公共服务，健全社会资本使用体系，破除官本位意识，鼓励引导大学生走向市场，成为广大民众创业的倡导者和先行者。

此外，家庭教育是整个创业社会的重要组成部分，是创业者早期需要接受的启蒙教育，也是创业者健康成长的重要动力。而且家庭对于自主创业价值观念的认识直接影响着大学生将来自主创业的选择。在构建现代社会企业文化的环节中，要高度重视我国家庭教育和社会创业文化的融合。良好的创业家庭教育，可以帮助培养优秀的创业大学生。家庭教育能够帮助大学生建立克己、坚强、自律的良好品格，这种行为模式与生活态度能为创业之路提供强有力的心理支撑与精神后盾。

（3）营造校园创业文化环境

校园是大学生生活、学习的重要场所，因此校园文化环境对于创业大学生来讲意义非常大，校园文化对大学生和高校任职人员都有潜移默化的积极影响，能够帮助师生形成凝聚力。

校园文化主要可以分为精神、制度、物质和行为四个层面，建设校园文化可以从不同层面循序渐进地实施。首先，学校在办学之初就要对创业教育理念进行初步了解，将学生创业精神的培养作为大学生培养的目标之一，学校各级领导要对创业文化培育高度重视并在制度建设中体现出来。对于创业教育所涉及的人力、物力投入和管理方案都要有清晰的规章制度并进行规范。通过课堂、讲座、多媒体等不同形式来加强创业教育工作的宣传，对于各类先进创业实例和创业政策等信息进行积极传播，打造积极的校园创业文化环境。其次，丰富我国大学生自主创业活动与社会实践创业活动，通过学校来开展丰富多彩的实践活动。例如，开展大学创业知识教育实践课程、创业学科竞赛、大学征文竞赛、社区服务、暑期创业实习实践活动等。此举对激发广大学生的自主创业意愿和创业兴趣，对促进大学生自主创新核心价值引导理念、道德职业情操、思维方式内涵、行为表达方式、技能培养及职业发展都起到了推动作用。最后，积极组织发起青年社团志愿服务活动。目前，我国各高校的创业社团在校内开展活动相对较多，不仅组织在校学生参加各类学生创业技能竞赛，还联系企业与所在学校积极开展各种校企交流合作，推荐毕业大学生到校外进行社会实践，如家教、调研及兼职技术培训创业活动，使得大学生能够通过这些活动深入了解创业社会实际，对兼职创业者的工作能够具有初步性的感知。

总之，通过不同专业知识群体的共同传播与不断培养，创业意识能够借助于校园文化而深深扎根于中国大学生的头脑中。

4.4.3 开发创造性思维

1. 创造性思维对创业意识形成的重要作用

心理学家林崇德教授在创造性思维的研究中提出：“创造性人才 = 创造性思维 + 创造性人格。”

创造性思维具备以下特点：第一，创造性思维是新颖、独特且有意义的思维活动；第二，创造性思维通过想象加以构思；第三，在创造性思维过程中，常有灵感显现；第四，创造性思维是分析思维和直觉思维的统一；第五，创造性思维是聚合思维和发散思维的统一。如图 4.4 所示。在创业教育中，大学生的创造性思维训练尤为重要。创业者如果不具备创造性思维，创业行为就缺乏缜密的理性思考，创业活动就不可能获得成功。

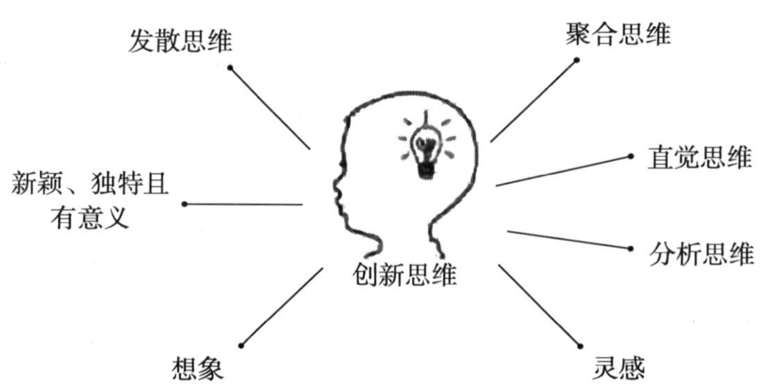

图4.4 创造性思维

创造性思维以对人类思维实践活动和社会理性的深刻反省为基本特征，将形象思维、逻辑思维和直觉思维相结合，是现代人的理性思维精神和逻辑直觉、形象思维的有机整合。我国高等院校在对大学生开展综合能力素质教育中，需要加强培养大学生的逻辑思维意识、独立思考意识和自我批评意识，引导大学生表达不同的看法，对于独到的教学意见应予以鼓励。并以此激发广大学生积极探究创新知识的良好愿景和学习欲望，加强对学生思维活动技巧与表达方式的锻炼和能力培养，引导他们自觉、主动地投身于课堂学习，养成良好的学习习惯，掌握创业基础知识和新的技巧，提高学生综合能力。高等院校要充分培养广大在校学生的创新创业精神和社会实践创新能力，因材施教、因势利导，将大学生的创业兴趣爱好进行培养和转化，帮助其转变为创业志趣，激励大学生主动创业创新。

我们在研究社会过去和未来发展规律的过程中，要以理性的态度和精神来研究，除了社会发展规律变化，还包括社会层次变化、社会结构变化和社会功能变化，通过对社会全方位的分析和了解来探究推动社会进步和快速发展的关键点。而对于创业者来说，需要通过创新思维来看待现阶段社会的创业局面，在市场的不断变化中找到创业的途径和方向，及时把握创业机遇；

反之，就会对社会的发展变化产生错误认知并实施错误行为。创业作为一种高复杂性、高风险和高不确定性的活动，在实施过程中会面临各式各样的选择和判断，要以理性的眼光分析社会市场运行发展，以创造性思维为实施基础，尽量避免不必要的损失和错误，从而找出创业行为活动的最优途径。创造性思维作为创业活动的重要组成部分，是创业者必备的重要素质之一。

思维方式在很大程度上影响和控制着创业教育与创业意识培养，有些传统思维方式会对创业教育产生负面影响。第一，我国传统的思维方式更加注重既得经验和直觉，人们更加注重现阶段或是短时间的实际产出和利益，忽视了教育对于社会文明和个人精神生活方面的加持与长远意义。而且大多数人只有亲身验证并对创业所带来的利益差别进行全面衡量之后才能决定是否转变原有就业观念和就业选择。第二，我国传统的教育教学思维理论与思想方式过分注重对整体性的理论把握，从而忽视了教育逻辑性的理论分析。我国传统教育思维理论与思想在早期相对发达，而在当代却在一定程度上限制了人们的教育思维发展视野与教育研究深度。在学校开展学生创业教育课堂实践的教学过程中，教师更注重对学生创业的基本意义和目标进行具体阐释，往往忽视了创业教育课堂教学内容的重要性，从而进行缺乏科学的知识分析，使得学生缺乏创业的具体实施的有效途径，进而丧失创业热情，缺少创业基本技能，致使课堂教学活动成为纸上谈兵。第三，缺少“独树一帜”的教学求异、求新思维。现有的高校创新创业课程在一定程度上不愿承担另辟蹊径教学带来的巨大风险，缺乏追求具备特色的教学方式的魄力。许多的高校学生缺乏对不同事物发展的过程中存在的差异性因素进行的差异化培养。因此，大学生们在创业的实践中很难发现创业商机与独特的商业模式，导致其依靠机会型创业的比例要远超依靠创造型创业的比例。部分在校大学生虽然具有参与创业的热情和勇气，但由于缺乏合理的客观分析与独立思考能力，不具备创业的综合素质和专业条件，却盲目要求创业，而导致大批企业在创业前三年内消亡，这在一定程度上也造成了对社会资源的浪费。

2. 创造性思维的训练策略

高校大学生在进行创新型教育的过程中，课程、活动和社会实践都是训练高校大学生创新型思维能力的良好契机。主要有以下训练策略。一是求同思维和求异思维的训练。求同思维与求异思维之间既是相互对立，也是相互统一的。在进行创业教育与课堂教学中，既要注重突出求异思维的培养，也要通过具体分析与联想，使得大学生能够掌握所学知识之间的内在关联，从而激起他们的学习兴趣，帮助他们拓展思路、开阔眼界。同时，要注重求同思维的训练，使大学生从个别孤立的表象事件中不断探求和揭示事物的共性及规律。二是逻辑思维和非逻辑思维的训练。逻辑思维是教给人们科学思维的方法，非逻辑思维则是对事物的直接感受或评估。在科学史上，开创性的成就往往建立在逻辑思维的基础上，在非逻辑思维的帮助下完成的。三是演绎思维和归纳思维的训练。演绎逻辑主义是从普遍的共性认识中看到特定和个别的一种共性推理逻辑手段，而所谓归纳逻辑主义，则是通过对各种共性认识的集中分析与总结从而概括、归纳出来的内在本质。教师们应该从培养初学者的角度出发，去研究引导大学生对创业知识的结构形成，及其实际运用探究过程中的科学探究与合理分析，学会利用各种科学思维方法和原则获取相关知识，充分发挥学生的潜能，优化科学思维方式。四是正向思维和逆向思维的训练。正向思维和逆向思维是两种完全相反的思维模式，在日常生活中大多数人更偏向采用正向思维。而高校应当引导并教育学生运用逆向思维方式，来分析事物的两面性，这有利于学生对于知识的理解和辨析。以上所提到的创造性思维方式都是改变大学生思维方式过程中必不可少的方法，也是科学指导创业教学的正确思想。

在这些战略的引领和指导下，大学生进行创造性思维培养的方式和路线有多种。具体内容包含以下几项。一是课堂教学模式与评价制度改革。教师采用启发式教学、探究式教学、案例分析法等教学模式，鼓励学生独立学习、探索与钻研。并且要淡化单一的“试题定终身”的评价方式，采取多维度、高质量的评价手段对学生进行公平、客观的评价。二是通过企业实际项目操作、社会参与实践等多种方式为学生量身打造极具创造性的逻辑思维能力培养学习平台，激发广大学生的自主学习意识、创新意识和思考思维能力，促进广大学生在具有个体性和人格性的品德中树立“敢于革命、自主创新”的核心价值取向。例如，大学生在校期间参加各类高水平的创业大赛、创意发明比赛等活动，积极参加大型创业专题讨论和大型创业沙龙；高校聘请对当今社会具有一定社会影响力的优秀企业家前往学校开设创业培训专题演讲等学术活动，使得在校大学生活跃创业思维、激发创新思考。鼓励大学生积极参加各类学会和社团活动，这不仅是对广大学生的自主创新能力和实践操作水平加以巩固的有效手段，也是创业教育中的必备环节及重要内容。由此才能充分调动大学生积极参与社会活动的积极性和主动性，有利于培养我国大学生具备创造性的逻辑思维能力和实操能力。

4.4.4　塑造创业心理品质

1. 创业心理品质与创造性人格

创业既是人类利用知识和能力开展事业的综合过程，也是对于人类综合素质的整体检验，尤其是对创业者和创业团队心理素质的严肃考验。创业心理品质是在环境和教育双重影响下形成并发展起来的，是在社会实践活动和创业实践过程中，创业者及其团队能够表现并发挥的身心组织要素结构和水平，是调节人心理活动和个人行为的主观意识特征。创业心理品质是创业的基础，是事业发展的奠基石，是保证创业不断发展和生存的支撑。

通过对心理学理论的分析可以发现，任何创造性活动都离不开心理因素的影响，而心理系统又分为认知性心理系统和非认知性心理系统。认知性心理系统包括影响目标认知的因素，比如记忆、感知、思维等，能体现个体的智力水平。非认知性心理系统主要由动机、兴趣、意志、性格等组成，具有驱动、调控和促进的功能，对于认知活动有着起动、保护、强化、引导、定位、调整等作用，是创新精神形成的驱动系统。由此，高校可以引入挫折教育，注重对大学生创新思想和心智以及自立自强的坚韧意志的指导与培养。

当代社会广泛关注大学生的抗挫折能力。高校开展挫折教育的目的是培养学生积极向上的人生态度、坚强的意志、强大的勇气，现阶段较为有效的挫折教育是开展户外拓展训练。目前已有部分高校开始着手实施挫折教育，从而培养学生的独立性、合作性、坚韧性等心理品质，并借此机会提升学生毕业后的社会适应能力，帮助大学生开阔心胸，鼓励学生积极参与校内各类活动和社团，培养社会责任感，锻炼学生人际交往的能力。

2. 创业心理品质训练方法

社会环境和高校教育对象在不断变化发展，针对创业精神的教育也需要更新和提升。大学生创业作为社会实践的一部分，通常是在一定的社会背景和环境下进行的，因此通过思想政治教育作为载体，可以有效激发大学生学习创业的积极性，从而提升教学效果和教育水平。例如，通过榜样法可以激励学生提升自身的知识储备和实践能力，向榜样学习的同时能够帮助大学生寻找创业机会；通过情感激励法可以满足大学生的情感需求，使其了解到创业的重要意义和价值体现，帮助大学生在未来创业道路上克服各类不良的心理因素；通过科学合理的创业教育和创业实践活动培养大学生优良创业素养；

通过奖惩法可以利用奖励对创业大学生进行正面引导，从而建立“创业者光荣”的校园文化环境，培育崇尚创业、激励创新的舆论氛围，进而鼓励大学生积极参加社会实践。在客观世界实施各类活动的同时，积极改造主观世界，提升对社会和环境的认知，将学到的理论知识在社会实践中进行检验。

同时也需要积极运用思想政治课程中的各类载体，加强对创业精神的教育。以校园文化、班级文化、寝室文化为载体，以不同的领域范围和方法，来倡导自主创业的理念、趋势、效果和意义；以创业活动为载体，通过参加创业大赛、企业孵化项目等多种形式，使大学生能够在经济风险相对较小的情况下进行自主创业实践，既充分锻炼了自主创业的技能，又有效规避了一定的创业风险，保护了大学生自主创业的热情与积极性；以电子商务平台为载体，开办具有自身特色、具有针对性的网络创业教育服务平台，有助于学生利用碎片时间进行相关知识的学习与训练。另外，还可以配备专门的创业顾问、心理咨询和创业辅导等与创业相关的专业人员，针对创业过程中可能出现的涉及优惠政策、业务、科技、心理的问题，都能够进行咨询、释疑、解惑，为广大学生成功创业量身打造支撑体系。在发展创新型政治教育中，引入思想政治理论教育与创业知识相结合的综合教育方法和教学手段，有助于丰富和拓宽在校大学生的思想政治理论学习，进一步规范大学生创业的方向的正确性。

4.4.5　养成创业规范意识

1. 创业者职业道德培养

所谓创业规范意识，是判断大学生创业行为好坏的边界，也是创业精神的体现。大学生创业者在创业之前应当了解社会大众和法律所接受的行为规范和相应义务，在后续实施创业行为的过程中应遵循相应的行为规范和社会义务。大学生创业规范意识教育是创业精神教育的重要内容，也是未来创业者在特定经济环境下，能够自觉按照社会道德准则和职业道德规范履行相应职责的重要保证之一，保证创业者可以不断提升创业所需的品质和人格，在创造社会财富的同时提升自身精神财富。良好的创业规范意识教育可以有效缓解市场经济的消极效应，确保大学生在未来创业过程中能够自觉抵制拜金主义、个人主义和享乐主义的腐蚀。创业者在创业过程中会遇到道德选择和判断问题，这需要创业者能够坚持社会道德准则，按照社会道德判断的标准坚持正义，不会加剧市场环境消极效应对创业者创业精神和创业信念的负面影响。创业规范意识教育首先要以社会主义核心价值观为基础，弘扬中华民族传统文化道德理念，为社会创造物质财富和精神财富。

创业容易,守业难。这是众多创业者的历史经验。很多人在创业成功后，逐渐丧失了对创业的勇气和热情，在事业步入正轨后放弃了创业者的职业道德守则和操作规范，出于对财富的迷恋和对金钱的崇拜，导致出现违反社会道德和法律要求的行为，最终受到了严重的法律制裁。这些历史经验教训告诉我们，创业首先要以德为先，职业道德标准的坚持是创业成功的基础，只有不断坚守创业规范、保持自身行为的规范性和道德性、不断提升道德标准才能确保事业的长期平稳发展。针对大学生的创业教育也要将职业道德作为教学的重要内容，这也是创业精神培养的基础和前提，没有职业道德的创业者最终会变成赚钱的工具和奴隶，无法对社会和他人发挥积极影响，严重违背创业精神的原则。

2. 创业者法律意识培养

初入大学的学生接受的第一门思想政治教育课程就是“思想道德修养与法律基础”，课程教育学生追求远大的理想并坚定崇高的信念准则，该课程包含了理想信念教育和法律教育，是创业精神教育的组成部分。首先，大学生若想要创业成功，就必须要有一定程度的知识储备，其中针对法律的知识储备是必不可少的，大学生不仅需要了解创业企业的属性和流程，还要深入了解市场主体各类法律的内容，了解市场管理法律的要求和对市场个体所赋予的责任和义务。其次，针对大学生的法治教育要结合学生自身和所处环境，进行大学生创业法律意识的培养和教育，通过课堂理论教学和案例模拟等方式，建立大学生学法和守法意识，培养大学生诚实守信、尊重市场交易规则的观念，并将其内化为大学生创业精神的一部分，深入指导大学生理解创业法律知识，帮助大学生在创业之初对法律政策具备较高的掌握力。让更多大学生充分利用创业优惠政策,迈出创业第一步。最后，逐步加强在校大学生创业活动中法律意识的树立，依法依规妥善处理创业纠纷,维护自己的创业合法权益。帮助大学生创业者明确思路,在发生矛盾、纠纷的特殊情况下，能够正确运用相关法律法规来保障自身的正当性和合法权益。

现阶段我国高校实施法治教育的程度较为浅显，根本无法满足大学生的需求，由此各院校一方面应补充相应的师资团队，规划并建立相应的教学计划和课程；另一方面需要利用社会资源来弥补校内理论教学的不足，通过聘请专业的律师或相关法律部门的工作者定期在校园开展普法教育，结合实际案例培养大学生知法、守法意识，定期带领大学生到专业机构进行参观学习，让学生和老师都能更加真实地了解法律法规的内容、流程和个人在社会中的权利义务。总而言之，法治教育是创业稳定健康发展的基础，只有帮助大学生建立高尚的职业道德和正确的法律意识，促使学生坚持诚实守信的创业准则，才能保证大学生创业活动的健康和长远发展。

第5章
大学生领导力培养

当代大学生作为国家未来的事业建设者和继承人，引领中国未来发展的使命责无旁贷。瞬息万变的世界经济全球化风暴冲击、复杂多变的世界经济全球贸易政策环境、日新月异的技术进步等挑战，都为大学生的自身综合素质提出了更高要求。其中，是否拥有以战略眼光、全球化视野与预判能力为核心的领导力已经成为高校人才培养工作的重要衡量指标。因此，有意识地加强对大学生专业技术人员进行领导力的教育与培养，以提高大学生适应国际化市场竞争和国内外挑战的自身综合素质与创造性能力，是当今世界经济全球化浪潮和国际化趋势对于人才培养工作提出的新认识和新要求，也是实施我国教育强国战略与培养一流优秀人才的迫切现实需求。

5.1 领导力综述

5.1.1 什么是领导力

有关领导理论的学术研究起源于20世纪初的西方国家。“领导力”一词的英文为“leadership”，从英文字面意思来讲由“leader”和“ship”组成。在英语中，与“leadership”类似，具有同一个后缀的术语还有许多，如“friendship”“ownership”等，“ship”这个后缀实际上是意指“the state or quality of”，在英文中是用来描述一种人际关系中的角色或该角色需要具备的心理素质和状态。由此可知，“leadership”不仅仅代表领导者的能力和素质，还可以表示社会关系中的角色本身。根据“leadership”的英文字面意思，可以认为该单词代表着两种含义:“领导”和“引领”。而对于“领导力”一词，我们也可以根据中文字面意思解释出很多含义。“领导”在中文里不仅具备名词的属性，还有动词属性。作为名词，“领导”可以代

表一种地位或是工作职位，对应英文含义的“leader”；而作为动词，“领导”还可以理解为带领或是指引向目标方向前进。“力”在字典中解释为物体之间的相互作用，是物体获得加速度和发生形变的外因。

根据上述“领导力”中英文含义和观点的解释可以发现，无论学者对于领导力的研究成果如何，对于“领导力”的基本含义和本质理解都大致相同,在此总结其基本认知如下。首先,领导力是一种人与人之间的影响力，是领导者对于被领导群体所施加的一种影响。其次，领导力的双重含义促使我们不能从单个维度去理解这个概念，出发点和理解角度的不同都会影响对于领导力内涵的理解。再次，领导力的发挥效果与领导的环境、动机以及下属等因素都有关系，因此个体领导力的大小并不处于稳定的状态，而其发挥的效果也是随时变化的，更多时候人们追求的是相对稳定的状态。最后，领导力的影响力由两部分组成，一部分是社会地位、职位和社会阶层等因素所包含的权力性影响力；另一部分是个人品行、素养和能力等因素组成的非权力性影响力。

5.1.2 领导力的本质及其内涵——影响力

通过对领导力在国内外学术界的研究和分析,可以看出“影响”或是“影响力”等相似的词句在有关领导力概念的阐述中频频出现。由此可以得出结论，虽然中外各国学者对领导力内涵的认识和理解并不完全相同，但在“领导力的本质即是影响力”这一点上基本无分歧。因此，领导人员及其他领导组织活动都存在于全社会人们的共同劳动中。在现实生活中，个人的一切言行都会对周围环境有所影响，所以影响力并非专属于领导人，而是为了使别人成为自己的影响对象而必须具有的一种功能或者作用力。可以通过以下几个方面来加强对影响力内涵的理解。

1. 领导者与权力的相对性和关联性

首先，影响力下的管理过程，是指两个主客体之间或两个不同单位之间相互影响的一种管理实践过程，作为主要领导者的主体和作为主要追随者的客体之间可以相互作用，最终实现具有影响力的主客体之间的相互影响。其次，领导者相关的主体和客体相互影响，成了辩证的互动关系，可以说，没有领导者主体就很有可能没有接受领导的追随者客体。个人的领导力是否确实存在的根本便是是否确实存在着他所领导的客体。没有追随者，领导者意欲展示的价值观就是无的放矢。因此，作为新的领导活动的创造者，必须开展新的领导活动，只有切实维护追随者的切身利益，才能真正获得追随者的大力支持和共同拥护。

2. 领导权力的主导性

影响力本质上就是一种推行主观准则的行为。领导者或主体通过能动的手段和方式对于客体产生正向的引导与驱动作用，将领导者或主体本身的核心价值观、目标追求、行为模式等内在思想，在开展领导者或主体活动的过程中能动地直接渗入或投射给客体，从而达到对于领导者或主体的正向影响和改变。

3. 领导力是权威的重要伦理道德属性

领导影响力本质上的含义就是领导者能够发挥作用的能力，但是，并非所有的领导影响力都是有效领导。只有能够代表社会持续发展的正确方向，符合绝大多数当代中国人的核心价值取向，能够对中国社会持续进步发展产生有效促进作用，能够积极推动中国国民经济社会发展的积极影响才能称为有效领导。从这一点来看，正向的领导力其实就是正向的心理影响力，是积极心理影响力而非消极心理影响力。

5.1.3 大学生领导力的内涵与培养

通过以上理论分析可得，领导力是一种领导者为了实现组织目标，向组织中其他成员施加的影响力，从广义来看，也是组织中个体之间的相互影响力。

“大学生”是我国对在普通高等学校进行研究和学习的群体的统称，通常指专科学生、本科学生及研究生，是一个涵盖面比较广泛的概念，它涵盖了在普通高等学校就读的各个层次、不同年级、各个阶段的在校学生。鉴于当前我国大学生的特点，要提高大学生领导力除了需要具备基本文化素养，还需要进行培养和实践。

首先，注重大学生领导力的培育方向。大学生领导力的教育和培养的方向很多。而领导力作为社会关系中个体在特定环境下引导和带领他人或社会做出改变所具备影响力要素的综合，其构成主要有三个维度——知识、行为和价值观。价值观是领导力的核心，直接决定领导力发展的方向和具体的实施行为。选择领导力培养方向的前提是符合国家社会的利益取向，并且能够代表社会未来发展方向。领导力自身未来发展的趋向性和伦理性决定了大学生领导力培育的方向，所以大学生领导力教育和未来发展需要以明确价值取向和社会共同愿景为前提。

其次，注重大学生领导力的同等性。大学生领导力与社会中成人领导力不甚相同，大学生领导力并不指个体的特征或是素养，而是指可以通过学习所拥有的素质或能力。虽然国内外学者对于领导力内涵或是概念的定义都各有不同，但是对于领导力的可获得性以及平等性的认知是一致的，学术层面上认为，任何人都能通过学习获得领导力。而高等学校以人才培养为教学的根本目标，在当今社会和全球化的影响下，国际社会以及科学技术的变化和发展都对高等学校的教育提出了更高的标准与要求，大学生领导力的培养正是针对这种局面和要求发展的必然结果。从某种层面上来看，大学生领导力的培养不是传统意义上针对领导人而开展的教育，而是面对社会大众、以提升大学生领导力为最终目标的教育。

再次，注重大学生领导力的开拓性和发展性。领导力是一种具有影响人际关系的社会影响力，它泛指个体在各种社会关系中所需要扮演的领导角色，主要目的是帮助解决个人在日常学习、工作和生活中与其他个体或团体之间的人际关系问题。大学生的自我领导力如何培养？首先，需要启发培养大学生的自我知觉和达到觉醒认知力的能力，通过对自我素质进行正确的理性认知和自我证明，激发最大的领导潜能，为了取得巨大成就而在服务别人、服务社会的过程中不断发展自己。培养大学生的领导力，其根本目的是激发大学生开拓性和发展性的潜能。

最后，注重大学生领导力教育的前沿性。大学生领导力的培养是以社会未来发展方向为前提，通过领导力来引导社会向更加积极的方向发展，将改变国家未来发展方向作为自身的责任。大学生正处于青壮年，其可塑性和对于知识的渴求以及理解力是其他任何年龄段都比不上的，未来发展具有无限可能。针对大学生领导力的培养，也是在教育一个不确定未来发展方向的领导者，因此大学生领导力的教育并不是针对未来某一岗位或是职务的领导者的教育，也不是针对学生干部的岗位培训，而是为国家、民族和社会的未来培育领导者的过程。

5.2 富于领导力的行为特征

领导力广泛存在于日常生活中，如课堂上、球场上、政府中，大至国家、企业，小到个人家庭、个体，各个知识层次、各种知识领域中都能找到这种领导力的真实存在和发展踪迹。历史上已经成功发挥了杰出的领导管理能力、面对重大历史挑战挺身而出的人数不胜数，一代又一代领导者创造的辉煌已成过去，而领导者的卓越才能——领导力却被人们世代相传。优秀的领导人身上始终都萦绕着令追随者无法抵挡的积极影响。

具有一定程度影响力的领导者总是能在一举一动甚至极其细微的言谈举止间，彰显出其高超的领导能力，促使人们心甘情愿、满腔热忱地追随他。可以说卓越领导者身上所展现的行为特征是领导力的最佳诠释。美国管理领导行为学家和理论家詹姆斯·库泽斯（James Kouzes）与巴里·波斯纳（Barry Posner）就对这一点进行了深入的理论研究，并进一步提出了那些具有一定领导行为能力的管理人员所必须具备的五种领导行为特征。

5.2.1 以身作则

优秀的领导者往往是其追随者效仿的榜样，领导者需要为他人树立起良好的行为规范。古书有云："其身正，不令而行；其身不正，虽令不从。"领导者只有反省自身行为和理念，规范自身思想理念和行为，以自身为标准，才能起到良好的示范作用。富于领导力的领导者总是通过德才兼备、谈吐不俗的榜样气质向追随者传递自己认同的信念和准则，这种行动在进一步赢取追随者信任和尊重的同时也强化了其领导力。

5.2.2 共同愿景

愿景是企业领袖所描绘的蓝图，蓝图中有未来、有梦想、有远见，甚至有超乎寻常的想象力。每一场活动的举办、每一个组织的创建都是从一个共同愿景开始的，愿景或梦想是成就未来的中坚力量。而具备优秀领导力的领导者不仅可以绘制实现梦想的蓝图，还可以将其更加明确地传递给自身团队，促使他们更加清晰地感受愿景的吸引力。如此一来，个人愿景转变为共同愿景，激活了他人的梦想与奋斗的力量，这样的愿景就具有非同一般的魔力。

5.2.3 挑战现状

从日常生活中可以发现，成功的领导者都有一种不可言喻的坚持，这种坚持和韧劲是他们对于设立目标、自身命运和社会不公的不服输精神，为了达到某种目标所实践的更为积极进取的人生态度。他们敢于挑战平凡，铸就卓越，纵然沿途困难重重，领导者也总是有这样的气魄——冲锋陷阵，引领革新并付诸实践。

5.2.4 使众人行

每个人的才华与能力都是有限的。伟大的梦想要转化为现实，不能简单依靠个人言论，领袖们的成败必然与团队的协作密不可分。这就需要建立起相互之间的信任关系，树立团队的协作精神。卓越的领导者能够让团队成员都行动起来，促进团队协作的良好气氛，建立起彼此信任的融洽氛围。在管理过程中，领导者所需要做的是大决定，引导他人开动脑筋并自觉行为，实现彼此之间的精诚合作。领导者能够唤起追随者的潜能，促使他们凝聚在一起，全力以赴，甚至超越预期。

5.2.5 激励人心

“君子有所求，有所不求。”每个人在精神或是物质层面都有所追求，都希望通过自身作为获得他人的认可，但是在实践路上都会出现疲惫、懈怠、灰心等各种困难，保证追随者能够一直勇往直前，就需要领导者的激情鼓励。按照心理学家的观点，不断激励能提高个人的自信与自尊，来自领导者的鼓励与赞赏更能够给予追随者无穷的动力。同样，学会激励和鼓励能使领导力深入人心，此时的领导力更像是激人奋进、给予信任的催化剂，促使每个人都越加出色，义无反顾，奋勇向前。

5.3　体系构架的完善

如果将领导力的培养作为一种渐进的过程来看，领导就是一种现象或是关系，而领导力则是个体在领导过程中个人特质、能力和行为的综合表现。通过国内外学者长时间的研究和探索，大多数人对于领导力的认知已经趋近统一，领导力并不是个体天生就获得的，虽然人人都有能力成为领导者，但是人生路途中能够依赖天资获得成功的人还是极少数。正因如此，大学生领导力的培养必不可少，对于普通大学生来讲，领导力学习和培养的意义是值得思考的问题。

5.3.1　领导力决定着人生的深度与广度

在一般人看来，企业领导、学生干部等才应该是领导力开发的主要对象，而对于普通大学生而言，没有必要进行领导力的培养。但事实并非如此，普通大学生不管以后是否立志当领导者，都应进行领导力的开发和培养。

领导力包括领导者的学习能力、执行能力、亲和下属的能力、沟通能力、协调能力、决策能力、分析判断能力、激励能力、指挥能力等。领导力作为一种复合型的能力，不仅包括自身能力的提升，还有对于外界人际关系、思维和决策等各种能力的综合。领导力培育过程中所涵盖的每一种素质在很大程度上都会深刻影响个人的未来发展。相比其他人的身心素质发展，领导力的培养属于高层次的身心素质培养，一旦应用到日常或是工作生活中都会展现其统领作用，从而激活其他素质和能力帮助个体更好地生活和工作，提升未来个体存在价值和人生发展的深度与广度。

合格的大学毕业生应当具备在日常社会情况下沟通问题的能力、对于生活的好奇心和个人自信心、对于社会和国家的道义感和方向感、对于个人价值和道德素养提升的责任感，以及对于世界开放的心态和尊重他人的素养，这些能力和素养的要求正好符合领导者所需要的智慧、能力、决心和社交能力要求。

所以，大学时代的青年学子已经步入迈向国际化社会的过渡期和预备阶段，大学生通过对领导力的开发，可以培养和提高自身的整体素质、综合水平和个人能力，树立正确的大局理想，促进竞争意识培养，增强自信心，敢于认真肯定自己，善于充分表现自己，发展出良好的品格。这既是作为一名大学生自身健康成长的必然需要，又是作为一名现代人的必然需要。因此，推动大学生的全面发展，对大学生领导力的开发和培养是实施高等教育的重要组成部分。

5.3.2 为了服务于团队与组织的发展

领导并非职位而是一个过程和关系。人作为群居性动物，日常生活都离不开社会，生活、工作、事业和成就都需要团队合作，而团队和组织又需要领导的指导与引领。团队或组织都是由个体组成的，无论是不是团队的领导，每个人都是领导过程 / 关系的一部分，即领导并不是指一个职位或一个头衔，这就意味着团队的每个人都有可能在领导过程中担负领导这一角色。当你和朋友们外出徒步旅行时，具有丰富户外经验的同伴自然会被大家选为领导；但当大家穿越一片丛林时，熟悉这一带地形的同伴无疑会临时性扮演领导的角色。不仅在任务性团队中，在家庭、社区、寝室、班级等环境中任何人随时都有可能成为临时性的领导。

并不是每个人都能在团队中担负领导的职责，这也并不意味着领导的追随者就不需要开发或是培养自己的领导力。领导过程不是单一维度，而是动态且相互作用的过程，领导者和追随者两者之间相互影响、相互作用，共同影响着团队或是组织的效益和绩效。大家熟知的唐太宗与魏徵的故事告诉我们，出色的追随者能够帮助领导者提高与进步。追随者和领导者就像是硬币的两面，相互依存才能够完整。事实上，诚实、正直、可靠、尽职尽责、善于合作、勇于承担与挑战、积极参与变革，这些优秀追随者所需要的素质与能力与领导力有所重合。

5.3.3 国家与社会进步需要未来的领导者

历史经验和社会实践都证明，无论是团队、民族还是国家，只有不断培养卓越的领导人才才能保证国家、民族未来的平稳发展。当今社会国际形势不断变化发展，各个国家都需要新血液的加入，才能让他们在地区、国家和国际各层次事务中推进积极变革。相关研究人员认为，主导当今社会的企业组织本身就是各类综合性大型企业和私人组织，他们培养了大批具备领导能力的专业人员来帮助他们经营大型企业，这是巨大的历史挑战，也是必须积极应对和努力迎接的重要历史挑战。翰威特公司曾在全球大型民营企业范围内进行了一次主题为“领导人才最佳雇主”的问卷调查，结果发现，在企业领导能力的发展这一点上，被调研公司的投资者中有47%认为他们已经缺少了领导人才。如今，“有效的领导”已经被视作组织的成长、改造与再生过程中最重要的影响因素。在激烈的全球经济贸易竞争中，我国企业若想在市场中生存发展，就要求企业领导充分发挥领导力的作用和影响力，而我国民营企业的领导者仍需大力提高跨国管理经验以及跨文化沟通的能力。

多元化和不断变革的现代社会必然需要各个行业、各个层面的市场领袖和企业带头人，大学生作为未来企业中的领导力和企业带头人，是人才的主要来源，未来每一个行业中的领导人都有可能是潜在的企业带头人，因此必须进行创造性的领导力人才培养和潜能开发。部分国家已经在高校中广泛开展了以学生为对象的领导力开发项目且收效显著。虽然我国针对企业管理人员的领导力开发渐趋流行，但以高校大学生为受体的领导力开发项目却凤毛麟角。

随着社会全球化进程的不断加快，我国未来在国际市场中的发展和成长还需要领导人才与领导储备人才的帮助，为了在国际未来竞争中保持长期稳定的发展，国务院早在 2010 年就颁布了《国家中长期人才发展规划纲要（2010 —2020 年）》，其中提出了我国人才发展的重点："培育造就一批善于治国理政的领导人才，一批经营管理水平高、市场开拓能力强的优秀企业家，一批世界水平的科学家、科技领军人才、工程师和高水平的哲学社会科学专家、文学家、艺术家、教育家，一批技艺精湛的高技能人才……充分发挥高层次人才在经济社会发展和人才队伍建设中的引领作用。"此后，我国在《中华人民共和国国民经济和社会发展第十四个五年规划和 2035 年远景目标纲要》、《扩大内需战略规划纲要（2022—2035 年）》和二十大报告中都多次强调人才的重要性，要深入实施人才强国战略。由此我国高校应当顺应国家要求，积极开展大学生领导力的教育和课程开发，自觉承担培育新时代领导者的责任，大学生也应当积极参与相关活动，主动提升自身面对各类挑战的能力以及有效推动、引导国家社会发展的能力。

大学生领导力的培养除了对于国家和社会具有积极作用以外，还有更为广阔、深层的意义。在建设中国特色社会主义道路中，每一个人的参与都尤为重要，通过对大学生领导力的教育和培养，实现贯彻落实领导力培养和高等教育的结合，帮助大学生更加深刻地理解公共事务、社会政治和道德问题，帮助未来领导者关注人民生活和人民道德方面，不仅实现个人精神和物质层面的成功，还要提升大学生的团体合作能力、公共服务意识以及对于社会的批判意识与责任感，这是未来大学生领导力教育的开始。

第6章

大学生企业家精神培育

企业家精神是一种无形资产，在历史发展的进程中影响着每一位创业者，同时其内涵也在每一次的交流与碰撞中不断丰富和延伸。下面从企业家这一概念的提出出发，分别从企业家精神的内涵、特点和主要内容这三个方面对企业家的精神进行分析。

6.1 企业家精神综述

“企业家”这一概念起源于18世纪的法国。法国经济学家让·巴蒂斯特·萨伊（Jean Baptiste Say）在18世纪30年代对企业家一词做出正式的定义；20世纪，经济学家约瑟夫·阿洛伊斯·熊彼特（Joseph Alois Schumpeter）论述了企业家对于经济发展的影响。萨伊在其出版的著作中将企业家定义为将一切生产手段组合起来的经济行为者。萨伊认为，企业家是从事创新工作，负责企业经营管理、生产组织架构以及承担企业运行风险的人，企业家的重要作用就在于创新企业经济运营方式和经营组合。

6.1.1 企业家精神的内涵

企业家精神是企业家概念的抽象化，是指企业家所应具备的精神和能力。企业家精神既是一种品质和思维方式，也是一种意识形态。通过对企业家概念的总结和分析，我们可以将企业家精神理解为企业家在所处的社会、经济环境下，在企业日常经营管理过程中和市场竞争压力下所形成的价值观念、思维方式和精神素养，企业家精神可以体现在企业产品生产过程和企业经营管理活动中。

6.1.2　企业家精神的特点

企业家精神是一种信仰和坚持，它可以在历史的潮流中不被取代反而作用越来越明显，自然有其独特之处。企业家精神主要有三个基本特点。

1. 主体性

主体性是指人在社会实践中所体现的自主性、创造性和能动性，它在实践的过程中起着决定性的作用。企业家精神是一种主体性的精神力量，它本身就是一种企业家生存的动力和源泉。人之所以具有这种主体性，是因为每个人自身都具备一定的社会主体精神和自我约束的个性特征，能够为企业家在活动中发挥一定的引导作用，同时也是推动企业家精神发展的基础和根源。企业家精神是企业家自身素质的一种展现，包括处事时的果断、睿智和淡定。从整体上来讲，这也是一种人类自我实现的动力。

2. 制度性

企业家精神的塑造过程伴随着外界政治制度和经济环境的变化，受制于企业生存的社会状态，所以企业家精神在发展过程中具有一定的制度特性，良好的内部激励制度和外部政策环境能够促进企业家精神的良好发展。在长期的经济发展过程中，我国对于企业家精神培育的内部激励制度和外部政策环境的建设还有待进一步完善，由此来激励企业家精神的制度性完善。有学者提出，企业的技术进步归功于企业家精神的主动性和冒险性，在激烈的市场竞争中发挥企业家精神可以积极引导和带领市场及用户的主动性，企业在市场和用户两方面的努力可以有效帮助企业积极面对未来的发展，并切实保证企业未来的平稳发展。2017 年，中共中央、国务院颁布了《关于营造企业家健康成长环境弘扬优秀企业家精神更好发挥企业家作用的意见》，指出要弘扬企业家爱国敬业、遵纪守法、艰苦奋斗的精神，创新发展、专注品质、追求卓越的精神，履行责任、敢于担当、服务社会的精神，造就优秀企业家队伍，强化年轻一代企业家的培育，让优秀企业家精神代代传承。该文件也正式界定了国内企业家精神的范围。

3. 继承性

继承性存在于社会的方方面面，我们所生活的历史阶段是在继承前人经验的基础上所产生的，对于企业家来说，个人能力、素质和天赋是不可以被继承的，但是个人的创业精神是可以被继承和发展的。我国学者张本顺认为，企业家精神的发展与中国传统的儒家文化息息相关，并且也具备儒家精神中风险与和谐的自然本性。即使每个人的性格是天生的，不能被完全复刻，但是精神是可以被传递和继承的，企业家精神作为一种企业文化在长期的积累和企业运营中被继承与发展，对于经济文化环境的建设来说也是一种新的价值取向。

6.1.3 企业家精神教育的基本内容

基于对众多理论和学说的综合阐述，本书在此把中国现代企业家精神教育的基本内容总结为以下四个方面的精神培养和拓展。

1. 创新精神

企业家的创新精神就是指当代企业家在面对变化的市场经营环境时，寻求自主创新思维与理念的改进和革新，不断将自己的方法运用到解决各种新问题上的意识。

对企业来说，产品需要不断创新，服务需要不断完善，市场也会不断开拓，因此管理方法不能一成不变。改革的顺利实现需要企业家思维与意识上的创新，只有思维与意识上的创新才会超越同行，获得更大的发展。

经济学家熊彼特在其创新理论中指出，创业不仅包括产品的生产，还包括产品生产方式的创新。创新产品的生产意味着用户和市场对于产品及其特性还不熟悉，创新生产方式则意味着将在其他制造部门没有实施的生产方式应用在企业自身产品的生产流程中。创新不仅建立在新兴科学发现的基础之上，还可以建立在企业处理产品的创新方式上。创新精神不仅是企业家的重要品格，也是其必须具备的最重要的素质。

2. 冒险精神

商场如战场，企业的日常经营就像逆水行舟，不进则退。在经济全球化的今天，企业的经营管理活动主要是在瞬息万变的国际市场中进行的，在这个过程中，随时都可能陷入各种危机，这就决定了中国企业家必须拥有敢于冒险的精神以应对各种风险。而勇敢地面对风险也并非等于盲目乐观积极参与，而是在有能力进行充分准备的经济基础和技术前提下，积极参与挑战新鲜的科技事物，开发新的技术产品，采用新的生产方式和管理手段，开辟新的竞争市场。

3. 创业精神

熊彼特把创业精神视为一种“创造性破坏”的力量。目前中国经济学家普遍认为，创业精神应该是在经济社会中促进国民经济的持续增长与发展，并创造更多劳动就业岗位和就业机会的重要条件。在很多国家，成功的企业被认为是创造广大就业机会、提高劳动就业率、增加收入和降低贫困程度的主要经济驱动力。总之，企业家创业精神可以从四个方面来理解。

（1）积极进取

积极进取可以理解为激情。激情不仅针对事业，还是一种切实可贵的生活态度和人生理想，更是一种在竞争激烈的社会中的处事方式。积极进取的前提是个体对于自我认知的正确性和客观性，以积极向上的态度面对身边的人和事物，对未来人生道路的发展充满信心。

（2）突破常规

能够管理好一个企业的管理者并非都能称为企业家，真正的企业家要有掌控全局、开拓进取的技术和能力，是一个企业的舵手。成熟的产品和看似健全的管理体系，虽然能够减少企业经营的风险，但与此同时，国内外企业间的竞争却极其激烈与残忍。敢于创造性地开发新产品，引入新的经营理念，运用新的经营管理方法和技术才是中国企业家存在的真正价值。

（3）顽强拼搏

创业是一条曲折蜿蜒的道路，创业意味着从零开始，意味着在未知的领域中开拓新世界，随之而来的是困难和逆境。创业的过程中会面对各类挑战和抉择，对于企业家而言，这些抉择决定着企业未来的发展。面对企业挑战和自身压力，坚持不懈地勇往直前才是合格的企业家应具备的精神要素。

（4）勤俭节约

勤俭节约是中华民族优良传统美德中的重要组成部分。企业家应在充分保证企业全体员工的利益、产品质量、企业形象的前提下，控制不必要的费用和支出，达到节省成本或有效利用人力资源的目标。而勤俭节约并非只适用于企业创业初期，应该将其作为贯穿整个企业发展生命周期的根本价值观与行为规范。

4．团队精神

所谓团队精神，简单来讲就是对全局意识、协作精神、无私奉献精神的一种集中表达。团队精神形成的根本原因在于尊重每一位团队成员的核心理念与核心利益，其核心任务是加强协同发展与合作。团队精神的最高境界是调动企业全体成员的向心力、凝聚力和能量，体现出个体利益与整体利益的有机统一，并且最大限度地保证整个组织的高效运转。团队精神的培养不是要求每位成员牺牲自我，相反是所有成员保留个性、求同存异、不断学习、充实和完善自我的过程。“单丝不成线，孤木不成林。”在日常的工作和生活中，人们需要团队合作，作为企业，更需要全体成员之间拥有团队合作意识和团体荣誉感。

6.2　大学生企业家精神的组成要素

习近平总书记曾提出：“青年是国家和民族的希望，创新是社会进步的灵魂，创业是推动经济社会发展、改善民生的重要途径。青年学生富有想象力和创造力，是创新创业的有生力量。”大学生作为青年群体中的中坚力量，富有极强的想象力和自主创新能力，他们是进行科技创新和推动科技革命的一股重要力量。因此，培育大学生的企业家精神对于传播优秀创业思想和传统文化，分享创业经验，弘扬创业精神，鼓舞和激励创业青年，实现中华民族伟大复兴的中国梦具有重要作用。

对于大学生而言，创业家精神的组成要素主要有以下几项。

6.2.1　自主创新的精神

自主创新精神是企业家精神的核心。自主创新精神是在独立人格和独立思维的基础上发展而来的，世俗眼光和偏见无法影响自主创新精神，企业家应当始终如一地坚持自身发展道路，通过对自主知识产权核心技术的研发并将其应用在产品创新上，最终实现创新产品价值。

自主创新不仅包括技术的原始创新，还包括产品的集成创新以及现有技术的再创新。自主创新的成功离不开创新思维，而创新思维的开始和发展过程又离不开具体的问题。创新思维的起点就是问题的产生，所有创新思维的产生和发展的实质就是问题的解决过程。问题的解决离不开问题的产生，对于问题进行具体情境的分析就是思维的开始。问题的产生促使人们认识到自身的需求。问题情景中的各个因素都要从思维的不同角度出发进行探究，对于各个因素之间相互关系的研究可以分析出最终引起问题的重要因素，这些因素其实就是问题所在，最后通过发散性思维可以了解问题存在的原因和问题的本质。这是以研究和解决实际问题的基础与关键作为研究出发点，重新整理组合并运用以往的经验，尽可能多地提出解决实际问题的办法和途径。发散式思维需要充分利用多个角度、不同思维的方向，不局限于目前已有的知识领域，不遵循传统、固定的方法。在对大学生进行创新创业精神的培养时，要深刻地意识到这种长期而又持久的创新性思维，才是决定创业者事业成功的关键所在。

6.2.2 开拓进取的精神

开拓进取的精神是指大学生应当在学习创新创业理论和实践案例的基础上，根据自身兴趣喜好和社会发展趋势而探索出一条适合自身创新创业的道路。大学生在创新创业过程中需要时刻关注市场变动和社会发展状态，主动学习新兴技术和理论知识，始终保证自身的先进性，并保持不怕困难和勇往直前的信念与精神。现阶段的大学生应当勇于突破陈规，在无数前辈先进成果的基础上进行创新，不要被现有规则所束缚。

6.2.3 勇于承担风险的精神

勇于承担风险的精神需要大学生在创新创业的过程中，积极培养和发展自身在不同境况下的魄力及胆量，他们要通过精密的筹划、思考来准备创新创业的想法和路线，并在实践过程中勇敢尝试不同方式和方法。企业的每一个活动和行为通常都是风险与利益共存，因此需要企业家在创新创业过程中培育勇于承担风险、战胜各种挑战的精神。在企业家不断进行企业创新和促进企业持续发展的整个过程中，充满了许多未知的困难与严峻的挑战，只有那些勇于冒险的企业和企业家才能真正把握机遇。既然已经选择远方，便只顾风雨兼程，才能将理想转变为现实。对于大学生亦如此，只有勇于探索、敢于尝试，才有可能把个人理想转化为现实。大学生首先要敢于参与社会实践，敢于承担风险带来的后果，同时具备良好的风险评价能力，有胆有识，并采取恰当的措施和行动，思考出有效驾驭风险的方法与对策，以降低在未知的风险中可能带来的经济损失。

6.2.4 团结协作的精神

团结协作的精神就是团结一切能团结的力量，将周围志同道合的人团结在一起，充分发挥他们各自的优点，使其精心协作，共同战胜困难。创新创业者要从大局出发，要具备大局意识、协调工作的能力以及为社会服务的精神。创新创业者应当充分发挥自身优势，积极调动团队中每个人的积极性及其个性优势，合理分配各类资源，进而将团队的潜能发挥到极致。在企业知识经济发展时期，企业的各种活动单靠创业者个人的努力很难完成，更多的要通过创新组织和创业团队共同努力。

团队协作精神的本质在于成员之间的相互协作，将团队成员的能力凝聚成一股绳，从而保证团队日常的高效运转。团队协作精神促使团队成员具有责任感和大局观，可以有效协调和实现个人目标和团队愿景的统一。所谓责任感和大局观并不是要求团队成员必须“舍小我”，而是要求团队里的每个成员学会共同完成任务，各自发挥自身长处。现代社会的大学生更应该学习并发挥团队协作精神，建立团队合作意识，学会与队内成员的协同合作，共同推动团队的发展和队内的完善，最终在实现团队目标的同时实现自我的成长和发展。大学生在校内可以通过课内小组、课外社团等途径组成不同的团队，培养自己的团队协作意识。大学生还处在价值观的形成和习惯养成的过程中，应在抱着对未知的探索和学习团队建设相关知识的基础上，不断提升自身团队的协作水平。优秀的团队离不开高效的凝聚力，尤其是创新创业的团队更是要求成员人品的端正和优秀的道德品质，只有这样的企业和团队才具备正确的价值理念，在取得社会效益的同时，保证自我的长远发展。

6.2.5 踏实肯干的精神

在创新创业的过程中，大学生会遇到各类困难和挑战，也会充分体会到成功的喜悦和失败的沮丧，这要求大学生必须发挥踏实肯干的精神，保证工作的严谨和专业。创新创业道路漫长，在面对困难时更需要大学生具备吃苦耐劳、坚持不懈的踏实肯干的精神。所以当确定目标后，不要随波逐流，而是依靠自己脚踏实地努力去做，即便遇到困难和挫折，也能沉下心去面对，不断积累知识并充分锻炼自己，等待机遇的再次到来。高校教师应当鼓励学生积极参与各类活动，以培养和增强大学生踏实肯干的精神、组织协调能力、独立思考能力和掌握解决各种实际问题的能力，从而培养大学生的各种综合能力素质。

6.2.6 吃苦耐劳的精神

吃苦耐劳的精神是指在创新创业的过程中，能够承受贫穷和清苦生活，能够承受磨难的煎熬和考验，具备不怕困难、敢于奋斗的精神。人生的每一段路途就像是在攀登山峰，起初大家都是摩拳擦掌，一边欣赏风光和美景，一边穿越障碍。然而越是向上爬，越让人感到吃力。路途中的坎坷崎岖和自身体力的巨大耗费，以及一些未知的风险，都会让人步履维艰。在这一过程中，很多人陷入僵局，虽然不舍得，但也只能放弃，最后无法到达山顶；而那些到达山顶的人往往是那些面对困难仍然选择坚持的人。成功的人生道路并不是很拥挤，只有鼓起勇气带着坚持走下去，克服困难与各种挫折后，才能真正攀登到高山之巅，领略到无限美好的自然风光。

大学生进行创新创业的过程中会面临常人很难遇到的困境，吃常人不想吃的苦，忍常人不可忍的事，因此大学生在日常生活中要意识到吃苦不仅仅是生活带来的苦难，还是人生道路中的宝贵财富。

6.3 培育大学生企业家精神的对策

6.3.1 以学科竞赛带动学生职业素养的全面提升

学科竞赛以建立我国高校健全的、现代化的学科教育实践思想为教育基础和活动指导。广泛开展高校学科竞赛教育，能够促进广大在校学生的教育专业知识、技术技能素养的不断全面提高，其应用要充分结合当前我国高校广大毕业生的教育实践，充分发挥广大在校学生的主体作用和高校教师的主导作用，以综合竞赛方式带动理论教学，变被动学习为主动学习，有效提升全体大学生的专业素质。

以学科竞赛为主要依托的职业素养教育，是指全体师生通过共同参与完成一个全新的学科竞赛而开展的一种综合化教学模式。它的核心是把职业技能素养培训的内容和模块用竞赛的形式来完成，即以总的专业技能素养课程教学任务为基础和框架，细分“子任务”并以此作为教学支架，以各类专业的竞赛和实践活动为主要载体，使得学习者沿着“支架”逐渐攀升，以赛教结合的方式螺旋提升大学生的职业素养。它彻底打破了我国传统的实践性教学过程中师生互动的老式教学框架，变被动的实践转化为主动的参与，教师不断地鼓舞和激励着学生，极大地调动和激发学生的课堂学习热情与对实践的兴趣，符合了职业素养课堂设计的基本原则。它以我国现代化高等教育的理念为指导，以实用性教育为主，意在促进学生身心健康发展，改变对知识的单向传递，强调培养学生形成一种积极、主动的思维和学习态度，重视竞争和合作。在对高校学生的职业技能素养的教学活动中,既有“教”的内容设计也有“学”的内容设计,既有学生自主学习、自主实践，也有协同探究，充分发挥学生的主体作用和教师的主导作用。

以专业学科竞赛为基础的专业技能素养课程教学模式的根本特点就是“以竞赛为主线、以教师课程为主导、以学生课程为主体、以提升学生职业素养为主要目标”。其中最为关键的就是“竞赛组合”的创建与设计，构造了一系列典型的、具有实践性和可操作性的“竞赛群”，让广大学生在开展各种类型的学科竞赛活动时充分地融合所学的知识、技巧和方法。在各类学科课程竞赛中引入了激烈的竞争机制，整体上牵引了大学生职业道德修养的迅猛提升。

6.3.2 以新型教学模式实现学生职业素养的全面提升

1. 创建“课训赛创”四维互动人才培养模式

如图 6.1 所示，以专业课程为理论基础，通过项目化教学进行个人与团队的模拟实训，使专业课程外化（理念是内在的东西，物质世界是外在的东西，理念到物质世界的转化就是“外化”）于实训中，团队对话与反思加深课程内容的理解；通过选拔团队、校企合作与跨学科合作，参加学科竞赛，使“课训”内容社会化，调动学生积极性，形成“训赛”的良性互动；学科竞赛培育创业项目，使职业能力内化提升，创新创业推动获得高级别、高等级竞赛奖；创新创业为专业课程提供项目案例，持续优化、改进课程内容与方法；通过“外化—社会化—内化—优化”和“知练检行”实现“课训赛创”四维互动。

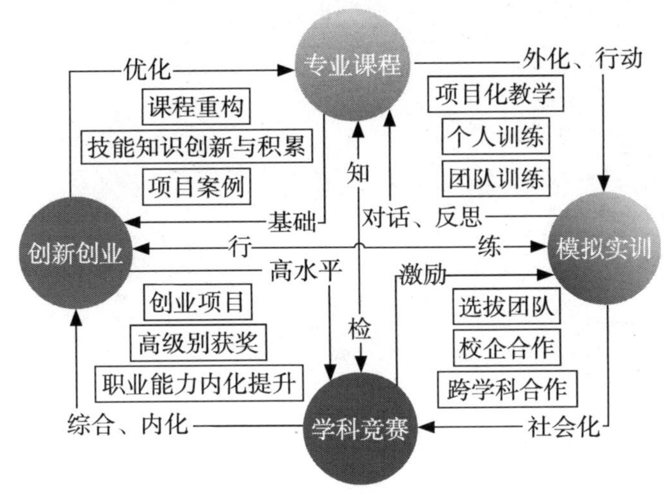

图6.1　“课训赛创”四维互动

2. 构建面向“赛创”的跨学科“递进式”课程体系

以专业人才培养为主线，构建“专业基础课—理论实践一体化课程—岗位综合训练—综合应用实践”的“递进式”课程体系。基于岗位工作技能要求，融合经济、管理、技术等学科知识技能，开设理论实践一体化课程。考虑学生认知水平、能力水平等因素，逐步实现以学科竞赛为依托、递进式培养创新人才为目标的教学及实践形式，最终达到以竞赛促教学发展、以竞赛促人才培养的目的。

3. 搭建“四方参与”的产教融合、协同育人合作平台

高校与政府机构、企业、商业联盟以及民间组织等进行“院校、企业、社会、政府”四方密切合作，签署合作协议，搭建协同育人合作平台。

4. 建立项目化教学运行体系

以项目驱动，通过组建团队、选拔团队、优化团队机制，按项目团队完成“课训赛创”的人才培养过程，实现专业与产业、教学过程与工作过程的有效对接，系统培养高校学生的职业能力。

第7章

创业团队的建立

7.1 创业团队综述

7.1.1 创业团队的组织形式

团队这种组织形式的使用广泛而灵活，常见的团队形式包括教练团队、顾问团队和合作伙伴团队。在教练团队中，团队负责人相对于小组成员具有更丰富的经验、更深厚的资历和更杰出的专业技能，可以对小组成员的技能发展有清晰的认识，并提供专业的培训和指导。在这种情况下，教练通常不参加特定的执行活动，而是以观察员和经理的身份积极评论和改善团队成员的表现，并提供有针对性的培训。在顾问团队中，顾问和教练一样也都具有丰富的经验，区别在于顾问的角色离团队更远，团队成员仅在有问题且需要帮助时才寻求顾问的咨询和解决问题。此方法适用于不确定是否存在问题的团队。合作伙伴团队的分工比较明确，提倡平等合作的氛围，即使对于经理和普通员工也是如此，此组织形式适合有标准化的流程，所有成员都明晰自身职责、具有协同完成工作的能力的较为成熟的团队。

大学生的创业是一个以较强的创新意识、共同追求的目标、不同的专业知识背景为特色的协作性活动。因此，处于创业阶段的团队应混合使用上述组织形式。

团队应充分利用每位成员所掌握的知识和专业技能来协调各种工作，解决他们的问题并且实现他们的共同目标。因此，创业团队可以被定义为一个由少数群体组成的小型社会组织，这些群体中的人们都拥有形成利益共同体的互补性。他们拥有一个共同的目标，使他们之间能够相互信任、承担责任，并通过自己的努力取得想要的结果。在现实生活中，很少有个人成功创业的案例。究其原因主要有两个。首先，个体创业企业的增长相对较慢，因为企业家的个人风险更高，更容易导致失败。因此，风险投资者通常不愿投资个人创业企业。其次，风险投资者认为，创业团队的企业家精神所带来的价值回报相对较高，因此他们更愿意投资团队企业家企业。因此，创建团队是有必要的。

7.1.2　创业团队的意义

1．能提高识别、开发和利用机会的能力

一个创业的企业家应当比谁都清楚，一个人哪怕再优秀强大，能力也是有限的；只有多个优秀且强大的人在一起，能力才会变得更强。特别是将不同特长、不同追求的人团结在一起，组成团队，共同发光、发热，可以大大提高识别、开发和利用机会的能力。

2．提高新创企业的经营能力，发挥协同作用

成功的企业无一例外，绝不是一个人做到的，需要多人多才，各尽所能，每一个人在自己擅长的领域，利用自己的经验，不断叠加、整合，进而使团队整体的力量不断变大。特别是新创企业，最初不一定很稳固，只有靠企业团队的协同努力工作，提高企业的经营能力，使之稳定发展，才有可能使之变得如铜墙铁壁，坚不可摧。

3．能为加强企业发展和管理工作提供独特的社会视角

企业管理实际就是对资源的有效整合，包括市场、技术和员工。企业的管理大致可分为两种形式：对事务的管理和对人的管理。而企业管理问题的根源便是对人的管理。

如果能管理好员工的“心”，使得“心往一处想、劲往一处使”，那么，

企业目标的实现就能事半功倍。组建创业团队能为加强企业发展和管理工作提供独特的社会视角，实现对人和事务的有效管理。

4. 有利于创造更加轻松愉快的心理环境

团队的共同目标和相同的价值观，有利于形成和谐融洽的员工关系，创造更加轻松愉快的心理环境。

5. 有利于成员之间取长补短

好的创业团队可以帮助创业者出谋划策，相互提携、相互鼓励、相互鞭策、取长补短。一个人不可能什么事都擅长，而如果一个团队的每个人都去做他擅长的事，那么这样就能把事情做得更完美。

7.2 创业团队的组建

组建创业团队的目的在于助力企业达成卓越的商业成就，激发组织创新思维，确保企业战略落地与高效执行，故其组建步骤主要有以下几步。

首先，组建企业团队应该有明确的目标，例如确定企业应该做什么和开发什么产品。

其次，应合理选择团队成员。在选拔人才时，有必要考虑年龄互补、知识互补、能力互补、性格互补、性别互补以及专业互补。因为并不是每个人都适合创业，所以在选择团队成员时，首先需要考虑各自的能力和专长，还要考虑到团队中所有成员的爱好与个性。企业创业团队中每位成员的性格和品质都会给企业带来巨大的影响。如果团队成员外向、随和、有强烈的社会责任感和稳定的情绪，这将是整个团队的宝贵财富。若是团队的成员非常灵活且可以独立承担对方的工作，就会改善团队的适应能力并减少成员之间的相互依赖。所以在选择团队成员时，首选灵活的专业人员，然后对团队成员进行交叉训练，让每一个团队成员都能够掌握所学知识，能够承担更多的责任和工作，从而使团队获得长期发展。

最后，应对团队进行有效管理。团队需要时间来建设，在团队建设和运作的过程中，分析团队的愿景与每个团队成员是否匹配这一点非常重要。在具体实施方面，要让每一个团队成员明晰自己的任务和团队的目标。通常情况下可以通过会议解决此问题。例如，团队在每周活动开始之前花 30 分钟的时间举行一次与运营、产品或服务有关的会议，以确定本周的活动目标，然后实施。只有对团队进行有效的管理，才能使团队目标有序推进。

一般而言，组建初期的创业团队应坚持“三个一”，也就是一个核心、一个共同愿景和一个产品。“一个核心”意味着团队只能由一个人掌握，太多的“核心”只会使团队失去效率，同时加剧内部冲突；“一个共同愿景”意味着团队应设立一个共同的愿景，使大家都有明确的奋斗目标，并要让团队中的每个人都了解该愿景，只有在愿景一致的情况下，每个人所做的努力才能始终如一；“一个产品”意味着创业团队初期的产品数量不宜过多，建议一件产品更合适。

7.3　创业团队的特性

7.3.1　创业团队与一般团队（小组）的区别

1．成员之间相辅相成

创业团队与一般团队（小组）之间的根本差异在于，创业团队各成员是相辅相成的关系，他们的合作更为紧密，而一般团队（小组）成员之间的合作相对松散；创业团队的成员不仅要共同承担团队目标的实现，同时也要承担个人责任，而一般团队（小组）的成员只是承担个人责任；创业团队的绩效评估基于团队的整体绩效，而一般团队（小组）的绩效评估则基于个人绩效。

因此，创业团队是一般团队（小组）的一种特殊形式，是由相互协作、相互依赖、分担责任以实现某个目标的个人组成的团队。

2. 组建目的不同

创业团队的组建目的是建立新企业。随着企业的发展，创业团队的成员可能会发生变化，但新成立的高级管理团队是创业团队的延续，目的是发展原始企业或开拓新的业务领域。但是，一般团队（小组）的组建多是为了解决某种类型或某个具体的问题。

3. 团队成员的职位级别不同

创业团队的成员通常处于企业的最高管理层，这对企业的主要问题甚至企业的生存都有影响。而一般团队（小组）的成员通常由一群可以解决特定问题的专家或人员组成，其中大多数人并不是企业的管理层。

4. 团队成员责任不同

创业团队的成员通常都拥有所在企业的股份，因此团队成员需要承担较大的责任；而一般团队（小组）成员不用承担这么大的责任。

5. 所专注的观点不同

创业团队成员通常关心企业的总体和战略决策问题，而一般团队（小组）成员仅关注战术或执行问题。

7.3.2 创业团队应具有的特征

一个运作良好的创业团队必须具有一些重要的特征，由于这些特征的存在，该组织才能被称为创业团队。

1．明确的目标

一个创业团队必须对自己想实现的目标具有清楚的认识，并始终相信这个目标具有重大实现意义和价值。而此目标也能激励团队的成员把个人的目标提升为团队的目标。

2．互补的技能

一个优秀的创业团队是由能干的领导者和人才构成的，他们都要有完成理想和目标而必须具备的专业技能与知识，而且团队成员的技能之间应有互补性，各个成员都要有善于协商和合作的能力，以更好地执行任务，完成创业目标。

3．良好的沟通

每个团队成员都要通过不同的渠道来收集信息、沟通信息，要能快速而准确地完成沟通，保证信息流通的顺畅和信息反馈的及时。

4．正确的领导

创业团队虽然已处于企业的领导层，但它同样需要正确的领导。领导的真正作用其实就两条：第一是指明企业前进方向；第二是用对人，即所谓的“定战略，搭班子，带队伍”。定战略就是指明前进方向，搭班子、带队伍都是用人的问题。创业者同样需要对创业团队的工作提供正确的指导和支持，激发团队主要成员工作的自信心，并且帮助他们充分认识到自己的发展潜力。

5. 相互的信任

信任的意义在于维护企业的共享价值和稳定。信任是一种稳定的信念，是交易或交换关系的基础。信任可以用行动代替沟通，用默契降低成本，用相互信任之心提高竞争力。其重要性在于有益于人，有益于自身，有益于企业的存在和发展。总之，创业团队成员互相信任，是企业成功的基石。团队成员的互动直接联系并相互影响，最终形成默契、理解、关怀和信任。无论何时、无论需要什么支持，优秀的团队成员都将给予对方帮助，能相互协作并共同完成团队的目标。

7.4 创业团队文化的营造

7.4.1 创业团队文化的内容

创业团队文化是由团队的价值观、团队的使命、团队的愿景和团队的气氛等因素共同组合而产生的。塑造创业团队精神和文化的重点在于要在创业团队的形成与持续健康发展过程中进一步完善团队的价值观、使命及目标，并在这种基础上逐步形成相对固定的团队氛围。

团队的价值观就如同一个人的价值观会影响个人行为和思想一样，团队的价值观也会影响团队的行为和思想。团队的价值观应该是一个团队为了实现其愿景、任务和使命而必须坚持的根本目标与信念。

企业团队的目标是指“我们要成为什么样的人”，是一个团队对未来的愿景和期望，是一个团队要努力实现的长远目标，反映了团队永恒的追求。

7.4.2 创业团队文化的目的

优秀的创业团队文化既是企业赢得竞争对手的基础和前提，也是使企业立于不败之地的内在动力，是一种可以继承的内在精神和气质。营造创业团队文化主要是基于以下几个目的。

1.提高企业工作效率

营造创业团队文化，可以提高企业工作效率。创业团队的成员所掌握的知识、技术和管理经验，越是广泛且多样化，就越有利于企业家和整个企业。因此，构建优势互补的创业团队将会大力改善创业团队的工作效率，进而提高整个企业的工作效率。

2.营造良好的企业文化

在知识经济时代，企业之间的竞争越来越表现为文化的竞争，企业文化对企业声望的影响越来越大，已成为企业竞争力的基石和决定企业兴衰的关键因素。创业团队文化也是企业文化的源头，营造良好的创业团队文化有利于营造良好的企业文化。

3.明确团队使命、目标和策略

营造创业团队文化，有利于明确团队使命、目标和策略。例如，创业团队的成员可以根据企业的需求，运用创造性的思维来设计团队名字、团队口号、团队任务、团队目标以及团队的工作时间表等。

4.树立员工认可和支持的价值观

营造创业团队文化有利于树立员工认可和支持的价值观。企业有必要建立完善、科学、简单、准确的核心价值观。当企业管理者要把其思想塑造成为一种价值观，就不能把团队与员工之间的价值观分裂开来。也就是说，不能仅从团队的价值观出发而忽略每个员工的价值观；相反，在培养和发展企业文化时，企业管理者必须充分了解每一位员工的价值观并认识其本质，由此树立得到员工认可和支持的价值观。

5.实现制度化管理，并巩固团队文化

制度化管理是企业管理的理想状态。世界上诸多企业的实践证明，企业管理者要帮助企业建立合理且行之有效的管理制度，并不断监督和发现问题，调整管理措施，以确保企业管理稳定和顺利发展。但仍有部分企业对制度化管理的执行力不够，认为只要有了制度，企业自然会慢慢向制度化管理过渡。其实不然，因为个人的思维方式一旦形成，要用共性的制度去改变其原有的个性习惯是非常困难的。只有合理的企业制度深入员工思想并形成习惯以后，这样的制度才是有效的制度。因此，企业管理者对员工的管理要按照企业的需要和标准，一步一步地帮助本企业培养需要的员工。同时，创业团队文化也在这一过程中被不断地制度化和巩固，逐渐形成一套行为准则和工作规范，进一步保障企业的制度化管理。

7.5 创业团队的管理

7.5.1 创业团队的管理要点

一个企业想要得到更好的发展，要依靠整个创业团队，大家团结一致，才可以实现企业的发展目标。严格管理创业团队是企业发展的关键一步。对创业团队的管理，首先要着眼于如何保持团队的稳定性，以及如何充分发挥团队的多样性。

1. 保持团队的稳定性

卓越的企业来自卓越的员工团队，塑造一支稳定的高素质的员工队伍，是企业兴旺发达的本源。创业需要团队合作和分工，创业过程通常需要整个团队的共同努力。因此，一个企业要想有好的发展、要想在竞争中屹立不倒、要想有出色的工作成绩，保持团队的稳定性至关重要。

（1）创业团队稳定的表现因素

创业团队的稳定主要表现在五个方面：①稳定的团队成员；②稳定的成员职位；③稳定的收入增长；④稳定的成员情感；⑤稳定的成员之间以及成员与团队之间的关系。

（2）维持团队稳定的主要方法

第一，利用职位来稳定团队。创业团队负责人可以通过提供奋斗的平台、机制、氛围，持续表彰和鼓励团队成员，表彰和奖励优秀成员，大力促进成员贡献和成就，从而增强团队成员的成就感和自豪感。

第二，用感情稳定团队。具体来说，可以建立和谐的创业团队成员关系和深厚的友谊，真诚地关心团队成员的工作、成长和家庭，解决成员的困难。

第三，用文化稳定团队。建立积极、健康、充满活力的创业团队文化，确定充满挑战和正向的社会价值观的发展愿景与目标，树立崇高的团队核心价值观、人生观和世界观，积极开展团队教育实践活动，增强员工对企业的归属感和凝聚力。

第四，用福利待遇稳定团队。物质需求是人的最基本需求，其他的任何需求都是建立在这个基础之上的。福利待遇对内要有激励性，对外要有竞争性。具体表现为：确保团队成员的工资具有竞争力，并稳定增长；提供安全的社会保障和生活保障；提供合理的假期和丰富的休闲活动；举行生日、周年纪念日等庆祝活动。

2. 发挥团队的多样性优势

在现代组织学理论中，多样性已经被明确地描述成了“双刃剑”。创业团队的多样性也是如此。一方面，团队的多样性使得团队的成员可以获取多种不同的资源与技术，从而大大提高团队绩效与团队战略决策的质量。另一方面，团队的多样性也将会使组织中的成员之间缺乏协调的关系和分工，妨碍团队互动并降低组织其他成员的满意度，由此造成冲突并直接影响整个团队的绩效。因此，创业团队应特别注意团队多样性优势的开发，利用团队多样性优势实现劣势互补。企业家可以通过组建创业团队来弥补彼此的不足，利用每个企业家的优势，形成具有综合能力、个性和人际关系资源的知识型优秀企业家团队。

7.5.2 创业团队的管理策略

1. 强化目标

团队必须有明确的目标。例如宏观层面的战略目标，要让团队成员知道团队将要做什么、方向是什么；微观层面的具体实施目标，要让团队成员知道每月、每周，甚至每天要做的事情。

2. 营造氛围

要管理好创业团队，便要发挥团队文化的重要作用，让其深入员工心中；及时消除团队内部摩擦，营造相互帮助、相互了解、相互鼓励的工作氛围，激发员工的工作积极性，形成共同的价值观。

3. 加强沟通

交流是指人和人之间、组织和组织之间的信息交换。团队领导者必须通过听、说、问的方法了解员工的生活和工作情况；要信任下属，给予他们充分的权力，并培养他们的成就感；成员之间必须坦诚相待，使用各种方法，让每个成员充分了解组织的内部和外部信息，解释清楚团队做出决定的原因，并鼓励员工表达自己的观点，充分沟通、互相尊重、客观公正。

4. 增强信任

团队的尊重与信任包括团队中的每一个成员之间的相互尊重与信任。团队管理者要给团队创造一种相互尊重和信任的环境氛围，以确保每个团队成员都具有完成任务的自信心。只有当每个人互相尊重与信任的时候，团队合作才会比单打独斗更加富有效率。

5. 建立归属感

员工只有在了解自己角色的基础上，才能保持开阔的胸襟并增强归属感。团队应积极帮助员工进行职业规划，以便员工更好地规划自己的生活，提高工作的信心，把企业看作自己发挥潜能的平台，增强工作的积极性和责任感。员工只有更好地发挥潜力并实现自我价值，才能为团队带来更多价值。

7.5.3 创业团队成员的角色

企业家的成功不仅是对自身资源的合理配置，也是对各种资源的动员、聚集和整合的结果。创业团队中不同成员的责任是不一样的，即每一个人担负着不同的角色。团队成员的责任是指团队成员在团队活动中所起到的主要作用。团队的角色就是指个体在团队中的某一位置所应具备的行为模式。

1. 团队成员角色分八种类型

从团队成员性格和行为的角度，可以将团队成员分成八种类型，或者说叫八种角色，如图 7.1 所示，即信息者角色、创新者角色、协调者角色、推进者角色、实干者角色、凝聚者角色、完美者角色和监督者角色。

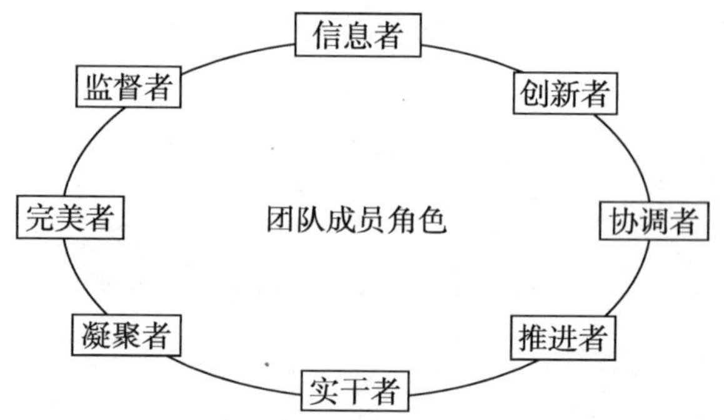

图7.1 团队成员角色示意

下面分别从角色这个角度描述企业团队成员的典型特征。

（1）信息者角色

其优点是反应敏捷，性格外向，善良热情，对环境反应敏感，善于与人交往，在交往过程中注意获取信息；缺点是缺乏坚忍不拔、持之以恒的精神。

（2）创新者角色

其优点是思路开阔，有高度的创造力，观念新颖，想象力强，点子多，主意多，有天分，智慧博学；缺点是不拘小节，难守规则。

（3）协调者角色

协调者能够凝聚团队的力量向共同的目标努力。其优点是成熟自信、值得信赖，在人际交往中，能很快识别对方的长处并且通过知人善用来达成团队目标，远见卓识，能获得团队成员的尊重；缺点是个人业务能力可能不太强，有时容易将团队的努力归为己有。

（4）推进者角色

推进者往往说干就干，办事效率高，自发性强，目的明确，有高度的工作热情和成就感，遇到困难，总能找到解决的办法。推进者大都性格外向且干劲儿十足，喜欢挑战他人，且一心想取胜；缺点是缺乏人与人之间的相互理解，有挑衅嫌疑，做事儿缺乏耐心。

（5）实干者角色

实干者非常现实、传统、崇尚努力，计划性强。其典型特征是有责任感，高效率，守纪律；处理具体工作的能力强，说得上雷厉风行；以团队的利益为重，不会根据个人兴趣而是根据团队的需要来完成工作，但比较保守。

（6）凝聚者角色

凝聚者是在团队中给予最大支持的成员。其性格温和，善于团结和帮助同事，合作精神强，观察力强，善于交际和倾听，工作上非常努力，处事灵活，很容易把自己同化到团队中，对任何人都没有威胁，是团队中比较受欢迎的人。

（7）完美者角色

完美者关注细节，力求完美，坚持不懈，精益求精，喜欢事必躬亲，不愿意授权，无法忍受那些随随便便的人。其典型特征是埋头苦干，守秩序，尽职尽责，适合干那些重要且要求高度准确性的任务。其缺点是容易为小事而焦虑，不愿意放手，甚至吹毛求疵。

（8）监督者角色

监督者善于发现问题，团队中如果缺少监督者，则工作绩效就会不稳定。其典型特征是严肃、谨慎、理智、冷静、冷血质，不会过分热情，不容易情绪化；会与群体保持一定的距离，在群体中不太受欢迎；善于发现问题，有很强的批判能力，即遇事精确判断，善于综合思考、谨慎决策。其缺点是有时过于强势，会导致团队其他成员的不满和反感。

2. 各种角色对于团队有着不同的贡献

各种角色对于团队有着不同的贡献。例如，信息者善于发掘最新“情报”，团队中如果缺少信息者，则会比较封闭；创新者善于出主意，团队中如果缺少创新者，则思维就会受到限制；协调者善于寻找到合适的人，团队中如果缺少协调者，领导力不会强而有力；推进者善于把想法立即变成行动，团队中如果缺少推进者，工作效率不会太高；实干者善于行动，团队中如果缺少实干者，企业会失去活力；凝聚者善于化解矛盾，团队中如果缺少凝聚者，则人际关系将会变得紧张；完美者强调细节，团队中如果缺少完美者，则工作会比较粗糙；监督者善于发现问题，团队中如果缺少监督者，则工作绩效就会不稳定。

3. 创业团队成员的职责

不同成员在团队中扮演着不同的角色，因此团队中不能缺少任何成员。创业团队要想紧密团结、共同努力，尽一切所能去实现团队的愿景和目标，那么担任各种角色的人才必不可少。在此用一个创新型项目作为例子。例如，团队成员包括创新型项目的创始者（创新者）、财务人员（完美者）、技术人员（实干者）、项目管理人员（协调者）、市场营销（信息者）工作者等。其中，创新者负责提交意见，行动者负责制定执行策略，协调者负责协调和均衡各方利益与关系，实干者促进决策的具体执行和制定，推进者往往是推动企业团队进一步发展的“助推器”,监督者负责决策执行过程。不同特长的团队成员在团队中发挥着不同的作用，贡献着不同的智慧和才能，因此企业不能缺少其中任何一位成员。

第8章

商业模式与商业画布

随着移动端和互联网的快速普及，越来越多的民营企业和上市公司已经逐渐意识到商业模式的重要性，但是对于什么是商业模式，怎样成功运用商业模式还没有明确的定义。有人解释说，商业模式本身是一种盈利的模式，意在探讨研究怎样才能赚钱；有人解释说，商业模式是一种经营的模式，应该侧重于提供更好的服务和产品。但其实这两种说法都不全面。从行业角度来看，商业模式是一种创新和综合的思维；从金融角度来看，商业模式是价值创新和资本创造最大化的基本模式。简而言之，商业模式是企业获取利润的方式和方法。

8.1 商业模式

作为一个创业者，在初创企业时拥有更多的创业模式的选择机会，而商业模式也是一个可以充分利用的重要资源。那么什么才是商业模式呢?

商业模式是我国经济管理领域的重点研究范围之一，工商管理硕士、高级管理人员工商管理硕士等多个主流的商业管理专业的课程都对商业模式有着不同程度的关注。在分析商业模式的过程中，要关注企业在市场中与客户、供应商、其他合作伙伴之间的交易关系，特别是相互之间的物流、信息流和资金流。因为商业模式实际上就是专门研究一个企业与其他企业甚至是客户、渠道之间各种不同的交易关系及其联结的方式。

哈佛大学教授克莱顿·克里斯坦森（Clayton Christensen）曾经提出：商业模式即是一种如何在市场中创造并传递自己的客户价值及其公司价值的方法。尽管每个人在商业模式中所需要的元素都不一样，但是对于这个词语的界限和定义却是完全可以被接纳的。那么一个商业模式到底需要包含什么样的元素呢？克里斯坦森认为，其中包含三个因素：客户的价值导向性主张、资源和能力、盈利模型。通俗一点就是说：第一，你到底能给客户带来什么样的价值；第二，你到底拥有什么样的资源和技术，能否给客户和企业带来盈利；第三，你用什么方式带来客户的价值和企业的盈利。

《商业模式新生代》一书的作者亚历山大·奥斯特瓦德（Alexander Osterwalder）和伊夫·皮尼厄（Yves Pigneur）将他们一起开发设计的创新商业模式战略划分为九个关键的基本要素，把九个关键要素假设成九个模块，它组成了构建商业模式便捷工具的基础，这个工具称为商业模式画布(Business Model Canvas)。它很好地描述并定义了商业模式，如核心价值战略主张、客户需求细分、顾客互动关系、重点关键业务、核心人力资源、关键业务协同、分销业务通路、成本管理架构以及最终收入利润来源。它可以灵活地描绘或者设计商业模式。顾客价值观的主张既是企业模式发展的核心因素，又是其他几种要素发展的核心和前提，这符合最基本的企业商务管理逻辑。

创业者若想赚钱，首先要考虑到自己的资源、能力、技能和能做的事情，能够为客户解决什么问题，所开创的企业到底能带来哪些价值。企业的本质在于价值的交换，要做到这种交换就得去创造自己的价值。因此创业者一定要弄明白企业的目标客户到底是谁，企业能给他们和自己提供哪些价值。这个问题看似并不复杂，但是许多创业者及初创企业尚未弄明白。技术型创业的企业更容易因此而走入某种认知错误的陷阱，认为只要企业的技术力量足够雄厚，客户自然就会进行消费。但事实上，市场需求和技术的先进性是两码事，很多看起来酷炫的产品几乎没有客户买账。这也是许多高新技术企业或者是其他类型的企业失败的主要原因之一。

8.2 商业画布

8.2.1 商业画布的概念

商业模式描述了企业如何创造价值、传递价值和获取价值的基本原理。商业画布即商业模式画布，不仅能应用于商业创新，还可以应用于个人职业规划。好的商业模式设计是企业成功的关键，商业模式设计又离不开商业画布。如图 8.1 所示。商业画布是一种描述商业模式、分析商业模式和设计商业模式的工具。

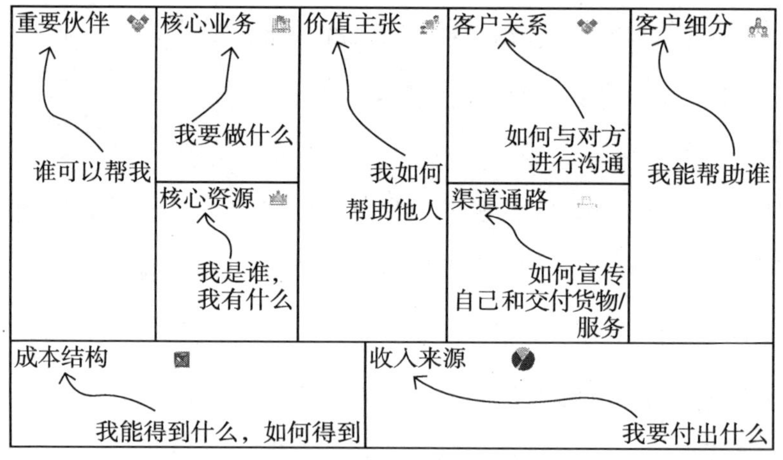

图8.1 商业画布示意

商业画布是一种能够协助创业者催生创意的工具，可以降低猜测、确保创业者找对目标用户，并合理解决问题。它不但能为客户提供更加灵活多变的方案，而且也更容易地满足客户的需要。更重要的一点是，它可以把商业模式中的各个元素进行标准化，并充分强调各个元素之间的交互作用。

创业者需要按照一定的创业时间和顺序来绘制商业画布。首先需要充分了解企业目前所在的目标消费市场和主要用户群，分析并确定其消费需求（商业价值战略定位），想好如何才能让其快速接触和认识企业（建立营销渠道），怎样才能真正实现持续盈利（实现收益现金流）。

8.2.2　商业画布的特点

1. 信息完整性

信息完整性是指是否包括所有与信息使用者要做的事情相关的信息。信息完整性能够确定商业模式及其发展的各个环节。例如，在一个风险投资计划书中，如果没有主要原材料的成本分析，则信息完整性就会大打折扣。信息的完整性是与接收信息者的目的密切相关的。信息的不完整性主要来自两个方面：①原始数据本身可能就不完整，从而造成信息的不完整；②从数据采集到信息的加工过程归根结底是由人根据已有的相关知识来完成的，人类对世界认知的不完整性，也必然造成信息的不完整。而完整性机制在一定程度上保证了信息的完整而不被破坏，可以安全地让信息接收方获得全部数据。

2. 信息统一性

商业画布能让全员看到同一幅画面，憧憬同一个愿景，信息统一性可以让大家判断商业模式的各个方面是否统一。

3. 一目了然性

商业画布确定了一个明显的焦点，可以从中讨论商业模式的各个方面是否能构建起一个整体，还能看出团队成员对自己正在从事的工作是否存在着误解或有不同的见解。

4. 方便交流与沟通

当创业者在向创业导师、咨询顾问及潜在的雇员和投资者介绍企业的商务思路设想时，可以利用商业画布，随时进行交流和沟通，进而完成调整。

8.2.3 商业画布的用途

如果大学生开始考虑创业，可以先用商业画布来构建相关思路，这也是创业的起点。利用商业画布进行商业构思和头脑风暴，即无限制地进行自由联想和讨论，产生新观念或激发创新设想，是创业者必须要做的事情。

创业者可以通过商业画布做自我管理。创业者充分利用商业画布，通过可视化方式描述自己的商业思路，梳理自己的商业需求，根据商业画布的分析结果，对自己企业的未来发展、运营更加细化和清晰，这也是商业画布的重要作用之一。通过商业画布，还可以将企业的目标、方向、价值观、发展过程、优劣势、财务状况都彻底梳理一遍，以便制订详细的行动计划。

8.2.4 商业画布的内涵

1. 客户价值主张

客户价值主张由四个部分组成，即客户细分、客户关系、价值主张和渠道通路。

（1）客户细分

企业按照某种标准将市场上的客户划分成若干个客户群，即企业瞄准的目标消费者和群体。这些群体的客户都具有一定的共性，从而帮助企业创造更多的价值。定义一个消费者群体的方法称为市场细分。市场细分是客户构成商业模式的基础，如果没有客户，企业就注定无法长存。为了更好地适应市场、满足客户需求，企业有必要细分客户类别，每个类别中的客户都具有共同的消费需求、共同的消费行为或其他共同的属性。在商业模式的构建过程中，企业必须作出合理的决策，怎样服务不同类型的客户和细分人群，应该忽视哪些类型的客户和细分人群。一旦企业作出了决策，结合对特定客户的认识和理解，再来仔细研究制定相应的商业模式。

（2）客户关系

在每个客户细分的市场上建立并维系的客户关系，即同客户之间所建立的联系。企业家需要清楚企业与不同细分市场人群之间构成的各种关联性及其类型，客户关系的覆盖范围是可以由个人或企业自动化完成的。客户关系的维护可以获取到客户信息，由此实现提升销售额（追加销售）的目标。

（3）价值主张

价值主张是指一个企业透过自己的资源、能力、技能或服务可以给客户解决什么问题，提供什么帮助，产生什么样的价值（这也是企业自身的价值体现）。即通过自身的价值观念和主张去解决客户的难题，满足客户的需求。每家企业都应该设置可选择的系列产品或配套服务，以便满足客户及细分人群的不同需要。价值主张是一家企业将客户作为多个客户共同受益的一个集合。

（4）渠道通路

渠道通路是指企业为了接触广大消费者而使用的各种方式，通过交流、分销、营销等渠道将自己的价值主张传达给客户。这些方式和渠道组合形成企业与客户之间的联系，也是与客户的接触点，在整个企业运营中起到了很大的作用。渠道通路有助于提升企业的产品和服务在客户心目中的理解与认知，即帮助客户了解企业价值主张、协助客户购买特定产品和服务、提供售后客户服务和支持。

2. 资源与能力

资源与能力主要包含三个部分：核心业务、核心资源、重要伙伴。

（1）核心业务

任何一种商业模式的发展都需要多个关键性的核心业务作为支撑。这些业务就是企业能够顺利运行下去最重要的内容。核心业务是为了创造和服务价值主张、接触市场、建立客户关系和获得利润的基础。

核心业务也会随着商业模式的差异而有区分。例如，软件生产厂家的核心业务就是软件开发；计算机制造商的核心业务除了生产计算机以外，还包括供应链管理。

（2）核心资源

每一种商业模式均需要一种核心资源，这种核心资源可以促进企业为客户提供创造性的服务或产品，能够与目标客户及其他细分人群之间建立联系并从中获得利润。

不同商务模式下所需的核心资源也各不相同，如微芯片的制造者需要资本集约型制造者生产基础设施，而芯片的设计者需要对其中的人力资源密切关注。核心资源主要为实体型资产、财务型资产、知识型资产或者人力资源，核心资源既可能是自己拥有的，也可能是由企业承包商租借或从重要伙伴那里获得的。

（3）重要伙伴

重要伙伴用来描述企业商业模式能够有效运行而必须要求供应商和合

作伙伴之间相互协调的关系。

企业会基于不同理由打造良好的战略合作伙伴关系，而这种良好的合作关系也会逐渐深入发展，并成为许多企业商业模式得以成功的基点。例如，许多企业通过创立运营联盟来实现商业模式的不断优化，进而降低运营风险，获得更多资源。

一般可以将合作伙伴关系划分为以下四种类型：①在非竞争对手之间形成的战略伙伴关系；②在两个竞争对手之间形成的战略伙伴关系；③为了开发新业务而共同构建的合资伙伴关系；④为了确保供给方可靠的供应和买主关系。

3. 盈利模式

盈利模式按照利益相关者可以划分为企业的成本结构和收入来源两个部分。

（1）成本结构

成本结构用于描述企业商业模式所带来的全部成本的构架形式。创立企业、提供企业价值、维护客户关系等各个环节都将导致成本的增加。这些成本能够通过核心资源、核心业务进行计量。

（2）收入来源

收入来源主要用于描述企业从每个客户群体中所获取到的价值与收入。企业在构建收入来源时，必须回答以下四个关键问题：什么样的价值（产品与服务）能让客户愿意付费？客户现在在付费购买什么？他们是如何支付费用的？他们更愿意如何支付费用？这四个关键问题也涵盖了企业在构建商业模式时的一些关键节点，只有回答了这些问题，才能保证企业从其细分市场和客户群体中挖掘出相应的收入来源。

参考文献

[1]董青春，孙亚卿. 大学生创业基础[M]. 北京：经济管理出版社，2017.

[2]杜海东. 创业启动与运营（操作手册）：大学生迷你创业园创业实践工具书[M]. 北京：清华大学出版社，2012.

[3]格里菲思. 创业成败：关于挑战、机遇和创新[M]. 胡赛，译. 长沙：湖南人民出版社，2015.

[4]韩布伟. 斯坦福大学超具人气的创业课[M]. 北京：中国铁道出版社，2016.

[5]董智轩. 一本书读懂商业常识[M].北京：中国商业出版社，2014.

[6]贾昌荣. 做最成功的创客：大学生创业的9堂必修课[M].北京：经济管理出版社，2015.

[7]彼得·德鲁克. 创新与企业家精神[M]. 蔡文燕，译.北京：机械工业出版社，2019.

[8]张维迎. 重新理解企业家精神[M]. 海口：海南出版社，2022.

[9]稻盛和夫. 企业家精神[M]. 叶瑜，译.北京：机械工业出版社，2018.

[10]张维迎，王勇. 企业家精神与中国经济[M]. 北京：中信出版社，2019.

[11]毛基业，赵萌. 社会企业家精神——创造性地破解社会难题[M]. 北京：人民大学出版社，2018.

[12]张阳，周海炜. 管理文化视角的企业战略[M]. 上海：复旦大学出版社，2001.

[13]李兰芬，崔绪治. 管理文化——管理哲学的新视野[M]. 苏州：苏州大学出版社，1999.

[14]成中英. C理论：中国管理哲学[M]. 北京：中国人民大学出版社，2016.

[15]维森特·法尔科尼. 法尔科尼管理方法：引领企业成长的真正力量[M]. 李兴华，王嘉仪，王梦琦，译.北京：华夏出版社，2018.